基金项目：2019年湖南省教育厅科学研究项目"基于'双S'的乡村教师培养工作评价体系构建研究"（重点项目，湘教通〔2019〕353号，项目编号19A073）

乡村教师培养工作
评价体系构建研究

XIANGCUN JIAOSHI PEIYANG GONGZUO
PINGJIA TIXI GOUJIAN YANJIU

何敦培◎著

江西高校出版社
JIANGXI UNIVERSITIES AND COLLEGES PRESS

图书在版编目（CIP）数据

乡村教师培养工作评价体系构建研究/何敦培著
. --南昌:江西高校出版社,2021.11 （2022.3 重印）
ISBN 978 - 7 - 5762 - 1646 - 2

Ⅰ. ①乡… Ⅱ. ①何… Ⅲ. ①农村学校—师资
培养—研究—中国 Ⅳ. ①G451.2

中国版本图书馆 CIP 数据核字(2021)第 137150 号

出 版 发 行	江西高校出版社
社 址	江西省南昌市洪都北大道 96 号
总编室电话	(0791)88504319
销 售 电 话	(0791)88522516
网 址	www. juacp. com
印 刷	天津画中画印刷有限公司
经 销	全国新华书店
开 本	890mm×1240mm 1/32
印 张	8.375
字 数	200 千字
版 次	2021 年 11 月第 1 版
	2022 年 3 月第 2 次印刷
书 号	ISBN 978 - 7 - 5762 - 1646 - 2
定 价	38.00 元

赣版权登字 -07 -2021 -899

序
言

XUYAN

纵观中华人民共和国成立以来的教育发展历程，我们可以清楚地看到，党和政府在不同时期就农村基础教育发展采取了相应的政策措施。改革开放后，随着教育事业快速发展、教育投入加大、教师地位提高，农村教育、乡村教育越来越得到重视。乡村民办教师优则转"公"政策的实施，使得乡村教师积极性锐增，乡村教育质量也随之不断提升。1985 年以来，国家出台了一系列规范九年义务教育发展的文件与法规，对乡村教师队伍建设做出了许多明确的规定。2001 年，农村义务教育管理实现了由"以乡为主"转变为"以县为主"，既增强了教师在县域内流动的可能性，也促进了乡村教师队伍建设。2003 年，第一次全国农村教育工作会议提倡尊师重教的良好风尚，提出要"实行'在国务院领导下，由地方政府负责、分级管理、以县为主'的农村义务教育管理体制"，"要采取有效政策措施，吸引优秀人才到西部任教，鼓励城镇教师到乡村任教，通过定向招生等方式培养乡村教师"。2005 年国家实行农村义务教育经费保障新机制，2007 年开始实施免费师范生计划，之后出台了教师生活补助计划等政策。

近十年来，党和政府高度重视乡村教师培养，出台了一系列政策法规。2010年，国家中长期教育改革和发展规划纲要工作小组办公室发布的《国家中长期教育改革和发展规划纲要（2010—2020年）》提倡教育公平发展，重视农村教师培养。尤其是2012年《国务院关于加强教师队伍建设的意见》、2015年国务院办公厅《乡村教师支持计划（2015—2020年）》、2018年《中共中央　国务院关于全面深化新时代教师队伍建设改革的意见》、2018年教育部等五部门《教师教育振兴行动计划（2018—2022年）》、2018年《教育部关于实施卓越教师培养计划2.0的意见》等颁发后，中央及地方各级政府采取了许多有效措施，大力推进乡村教师队伍建设，取得了较大成效。但是，乡村教师队伍建设仍然存在一些问题，除各地发展不平衡外，有的地方落实政策不到位、培养效果欠佳、教师获得感不强、教师专业发展能力未大幅增强。

为了更好地促进乡村教师队伍建设、进一步提升水平、促进乡村教育发展，2020年《教育部等六部门关于加强新时代乡村教师队伍建设的意见》就乡村教师队伍建设做了全面规划和指导。各地、各相关学校根据政策要求正在加强和改革基础教育师资培养工作，为乡村教育培养合格的教师。从目前情况看，对于乡村教师培养，有许多政策措施和要求，但还缺乏合适的考核评价机制，也缺乏科学的评价体系。为了客观评价乡村教师培养工作成效，更好地推动和改进乡村教师培养工作，必须深入、全面地了解当前乡村教师培养工作情况，评价培养工作的效果。《教育部关于实施卓越教师培养计划2.0的意见》（教师〔2018〕13号）曾经要求："推动高校充分利用信息技术等多种手段，建立完善基于证据的教师培养质量全程监控与持续改进机制和师范毕业生持续跟踪反馈机制以及中小学、教育行政部门等利益相关方参与的多元社会评价机制，定期对校内外的评价结果进行综合分析并应用于教学，推动师范生培养质量的持续改进和提高，形成追求卓越的质量文化。"2020 年，中共中央、国务院印发《深化新时代教育评价改革总体方案》，就教育评价问题提出了总体要求和指导性意见。基于上述文件精神，必须建立乡村教师培养工作评价指标体系，客观评价乡村教师培养效果和质量，为政府制定后续规划和宏观决策、为高校师资培养、为中小学教师培训和教师专业发展提供参考、指导和服务。

为顺利开展相应研究，本人在长期关注乡村教育问题的基础上，以"基于'双 S'的乡村教师培养工作评价体系构建研究"为题申报了湖南省教育厅 2019 年科学研究项目，并获重点项目立项资助（湘教通〔2019〕353 号，项目编号 19A073）。本研究基于"双 S"（即 subject 对象、structure 结构）探讨评价指标体系的构建。之所以立足于"subject 对象"和"structure 结构"，是因为此"双 S"是工作职能、工作过程、工作效果评价的基本对象、核心内容和重要维度。其中，对象即高校、政府、中小学、教师。结构即配置评价、形成（过程）评价、增值评价、综合评价、总结（结果）评价。本研究旨在研究如何构建乡村教师培养工作及其效果的评价体系，主要内容涉及四个方面：一是评价依据（包括现实问题和理论依据）；二是评价对象及维度（包括对象和结构）；三是评价体系内涵（包括五种评价内涵）；四是评价实践运用（包括评价体系的呈现、评价工作的展开、评估结论的运用）。

本书试图通过研究引发相关部门和人员思考如何评价乡村教师培养工作，改进乡村教师培养工作，提高培养质量和效果，既丰富教育评价理论，又指导教师培养工作实践。由于自身水平有限，加之新冠疫情的影响，调研工作及评估实施工作未全面深入展开。因此，本研究肯定还存在不足，期待有识之士提出批评。

何敦培

2020 年 10 月 26 日于师苑新村

目

录

⋮

MULU

第一篇　评价依据

　　我国越来越重视乡村教师培养工作，出台了许多政策措施。尤其是 2015 年国务院办公厅颁发《乡村教师支持计划（2015—2020 年）》后，教育部及各省教育行政部门又相应出台了一些实施办法。乡村教师培养工作效果到底如何、培养的教师质量到底如何，需要进行科学客观评价。评价的依据是什么？主要有两个方面，即乡村教师培养工作的客观现实和教育评价相关的基本理论。

第一章　客观现实

第一节　问题使然

　　1950 年，美国质量管理专家戴明（Edwards Deming）认为，管理工作是由计划（Plan）、执行（Do）、检查（Check）和处理或纠正（Act）四个环节构成，即"PDCA 循环"或"戴明环"。它是全面质量管理所应遵循的科学程序，也是绩效评价主要观测的四个环节。就乡村教师培养工作而言，主要考察的是制度设计（计划 Plan）、培养过程（执行 Do）、培养效果（检查 Check）、工作评价（处理或纠正 Act）四个层面。

从我国目前乡村教师培养工作看，效果是明显的、成绩是巨大的，但是问题也不容忽视。通过宏观地、粗略地分析，我们认为，我国乡村教师培养工作存在的主要问题有：

一、制度层面：培养什么样的乡村教师并不很明确

通过对近十年出台的政策的文本分析，可以发现，对于培养什么样的乡村教师还没有完整的、明确的表述。

2011 年 6 月，由《光明日报》、北京广播电视台联合举办的大型系列公益活动"寻找最美乡村教师"，主要寻找那些无私奉献、甘为人梯、为人师表、弘扬社会主义核心价值观、扎根农村、做农村教育的生力军，为我国农村教育事业贡献力量的乡村教师。该活动旨在展示优秀乡村教师的高尚精神风貌，吸引全社会更多地关注乡村教师群体。这是从"师德"的层面来定义"最美乡村教师"。

2012 年，《国务院关于加强教师队伍建设的意见》（国发〔2012〕41 号）提出：教师要"普遍具有良好的职业道德素养、先进的教育理念、扎实的专业知识基础和较强的教育教学能力"，教师队伍的建设的要求是"中小学教师队伍建设要以农村教师为重点""加快培养一批边疆民族地区紧缺教师人才""农村教师职业吸引力明显增强"。这个文件也没有明确乡村教师培养的目标和要求。

2015 年，国务院办公厅颁发的《乡村教师支持计划（2015—2020 年）》提出"到 2020 年，努力造就一支素质优良、甘于奉献、扎根乡村的教师队伍，为基本实现教育现代化提供坚强有力的师资保障"，"逐步形成'下得去、留得住、教得好'的局面"。

这是从整体教师队伍而言的。

2016 年，《教育部办公厅关于印发乡村教师培训指南的通知》（教师厅〔2016〕1 号）也未明确乡村教师培训的目标、标准、规格。

2018 年，教育部等五部门印发《教师教育振兴行动计划（2018—2022 年)》，提出要"推进本土化培养，面向师资补充困难地区逐步扩大乡村教师公费定向培养规模，为乡村学校培养'下得去、留得住、教得好、有发展'的合格教师"，"为乡村小学培养补充全科教师，为乡村初中培养补充'一专多能'教师"。这里对乡村小学和初中教师的培养分别明确了"全科教师"和"一专多能"。这是从学科紧缺需要和总体规格概述的。

2018 年，《中共中央　国务院关于全面深化新时代教师队伍建设改革的意见》再次明确"为乡村学校及教学点培养'一专多能'教师"。

2018 年，中共中央、国务院印发《乡村振兴战略规划（2018—2022 年)》，在谈到优先发展农村教育事业时指出，要"落实好乡村教师支持计划，继续实施农村义务教育学校教师特设岗位计划，加强乡村学校紧缺学科教师和民族地区双语教师培训，落实乡村教师生活补助政策，建好建强乡村教师队伍"。这里也是从队伍整体建设明确了任务重点。

2020 年，教育部等六部门《关于加强新时代乡村教师队伍建设的意见》（教师〔2020〕5 号）提出，要"加强新时代乡村教师队伍建设，努力造就一支热爱乡村、数量充足、素质优良、充满活力的乡村教师队伍"。这也是从队伍整体建设目标出发所提出的要求。

综上所述，目前国家对乡村教师培养目标、标准、规格还没有系统的、准确的定位。一些师范院校从专业本质属性要求出发，在人才培养方案中对相关专业做出规定，虽然声称面向农村或乡村培养基础教育师资，但总的来看，针对性不强，即服务面向符合度并不高。

二、过程层面：如何培养乡村教师仍缺乏联动机制

从各地实施乡村教师培养政策情况看，各省、自治区、直辖市反应迅速，但落实中仍存在一些问题。

以《乡村教师支持计划（2015—2020 年)》实施情况为例。《乡村教师支持计划（2015—2020 年)》就乡村教师培养提出了八项举措，即：全面提高乡村教师思想政治素质和师德水平；拓展乡村教师补充渠道；提高乡村教师生活待遇；统一城乡教职工编制标准；职称（职务）评聘向乡村学校倾斜；推动城镇优秀教师向乡村学校流动；全面提升乡村教师能力素质；建立乡村教师荣誉制度。各省、自治区、直辖市针对地方实际情况，也出台了相应办法，提出了一些措施。比如：大力推进城镇教师支持农村教育，鼓励支持退休的特级教师、高级教师到农村学校支教讲学；继续实施并逐步完善农村义务教育阶段学校教师特设岗位计划，探索吸引高校毕业生到村小学、教学点任教的新机制。

但是，各地情况不一，有的落实得较好，有的执行不到位。教育部新闻办公室适时在乡村教师支持计划（2015—2020 年）专门网站（http：//www. moe. gov. cn/jyb_ xwfb/xw_ zt/moe_ 357/jyzt_ 2015nztzl/2015_ zt17/）上公布了各地落实《乡村教师支持计划（2015—2020 年)》情况，31 个省、自治区、直辖市及新疆生产建设兵团在 2015 年 9 月 2 日至 2016 年 1 月 25 日间，先后出台了本地落实或实施《乡村教师支持计划（2015—2020 年)》的意见或办法。这 32 份政策文本确实体现了一些共同点和许多不同

点。2016 年 12 月，教育部人文社会科学重点研究基地东北师范大学中国农村教育发展研究院院长邬志辉受教育部教师工作司委托，承担了乡村教师支持计划实施评估课题。邬教授通过评估认为，中央及地方政府多措并举、定向施策、精准发力，31 个省、自治区、直辖市及新疆生产建设兵团均出台了实施办法，乡村教师获得感大幅度提升，从教意愿更强，工作积极性更高，"下得去、留得住、教得好"的局面基本形成。但是，总体上存在行动较缓慢、联动机制不健全等问题，其中最突出的问题是：忽视了培养主体的联动合作。在所有省、自治区、直辖市的相应实施办法中，鲜见要建立培养共同体，忽视了师范院校在培养乡村教师方面的重要作用。

从高校培养基础教育师资情况看，高校重视专业人才培养方案的制定，但在实施过程中仍存在一些问题。

师范院校（尤其是地方师范院校）越来越重视联合培养基础教育师资，许多学校提出要探索构建政府—高校—中小学"三位一体"联合培养体。但是，愿望是美好的，落实起来却并不如意，缺乏深度合作。一是在招生计划上，许多省级政府单列了公费定向师范生培养计划，但一些师范院校考虑到学科专业建设、教学组织、学生管理、教学评估（专业认证）等因素，对培养公费定向师范生的积极性不高，不愿接纳太多培养计划。二是在培养过程中，虽然另行制定了公费定向师范生的培养方案，但在教学组织上、课程开设上并无太大区别，培养的针对性并不强。三是在联合培养上，有的高校重视与中小学合作指导师范生实习，或邀请中小学优秀教师进校承担教师教育课程的教学。但是，由于师范学生人数较多，优质的中小学不愿接纳师范生实习，高校与中小学双方指导又不很到位，使得教育实习的效果并不理想。

三、效果层面：乡村教师培养效果尚无全面体现

邬志辉《中国农村教育发展报告 2017》肯定了乡村教师培养的成效："乡村教师配置更为合理，'下得去、留得住、教得好'局面基本形成。乡村教师补充渠道日趋多元，初始配置质量明显提高。省级统筹机制初步建立，'特岗计划'广泛实施，定向培养规模逐步扩大，乡村生师比持续下降。……义务教育教师学历继续提升，城乡差距进一步缩小。……乡村教师生活补助政策覆盖范围不断扩大、资金投入大幅增加、补助标准逐年提高，乡村教师收入不断增加。……义务教育教师职称制度不断完善，乡村教师评聘机会有所扩大。"①

时任教育部教师工作司司长任友群在接受《人民教育》记者访谈时介绍，2019 年，教师工作以落实《中共中央 国务院关于全面深化新时代教师队伍建设改革的意见》（简称"中央 4 号文件"）为中心，向上对接中央决策部署和国家发展大局，向下对接群众需求和社会关注热点，向内提升队伍质量，向外营造良好氛围，向前谋划人工智能时代中国教师队伍建设顶层设计，向后补齐乡村教师队伍建设发展短板，推动新时代教师队伍建设换挡升级、提质增效。2020 年教师政策支撑体系将更加"全方位、全领域"，教师队伍建设更加"有规模、有质量"，乡村教师提升更加"增活力、增底气"，教师地位待遇更加"受尊重、受关注"。②

---

① 邬志辉.中国农村教育发展报告 2017[N].中国教师报,2017 – 12 – 27(11).

② 任友群.2020 年教师政策支撑体系将更加"全方位、全领域"[EB/OL].（2020 – 03 – 16）[2020 – 05 – 20].http://www.moe.gov.cn/s78/A10/moe_882/202003/t20200316_431788.html.

　　但是，乡村教师培养工作仍存在一些问题，培养效果未全面体现。张阳娜经过调查，在其学位论文《河南省 R 县"乡村教师支持计划"政策实施效果研究》中总结了政策执行过程中的问题："该政策在 R 县实施过程中存在以下问题：政策本身模糊性强、宣传力度不够、执行机构系统性不强、投入资源不足、目标群体参与度有限、政策环境不够成熟等。"① 付卫东、范先佐在《〈乡村教师支持计划〉实施的成效、问题及对策——基于中西部 6 省 12 县（区）120 余所农村中小学的调查》一文中也指出"乡村教师补充数量不足且质量难以满足实际需要，乡村教师工资福利满意度不高，乡村学校教师编制供需矛盾尖锐，城镇教师向乡村学校流动不畅，乡村教师职称评聘问题突出，乡村教师荣誉制度'不荣誉'"② 等问题。中国教育科学研究院课题组在《乡村教师队伍建设的成效与困难——一项基于中西部五省区乡村教师队伍的调查》中肯定了乡村教师队伍建设经过两年多时间取得了一定成效，但同时依然面临一定的困难。如："'下得去'的区域差异较大，且不稳定""'教得好'的类型差异较大，且需再培养"③。这些文献虽然是针对部分地区的调研成果，但是所反映的问题具有一定的代表性。

　　纵观乡村教师培养情况，取得的效果是明显的，但差距也是

---

　　① 张阳娜.河南省 R 县"乡村教师支持计划"政策实施效果研究[D].武汉：华中师范大学，2018.

　　② 付卫东、范先佐.《乡村教师支持计划》实施的成效、问题及对策：基于中西部 6 省 12 县（区）120 余所农村中小学的调查[J].华中师范大学学报（人文社会科学版），2018，57(01):163.

　　③ 中国教育科学研究院课题组.乡村教师队伍建设的成效与困难：一项基于中西部五省区乡村教师队伍的调查[N].中国教育报，2018 - 07 - 10(8).

客观存在的，主要有：一是教师待遇未得到根本改善（乡村教师与城市教师差距较大），职称晋升率仍然较低（乡村教师比城市教师低 10.6 个百分点）；二是乡村优秀教师流失现象仍然较为严重，城市优质学校反哺乡村学校远远不够；三是在乡村教师的培训上存在培训内容缺乏针对性和连续性、培训方式单一的问题；四是乡村小学全科教师培养未得到足够重视；五是乡村学校教师编制问题没有得到全面解决；六是促进乡村教师"有发展"（教师专业发展）的路依然很长。

四、评价层面：评价手段和方法较为单一

我国对于乡村教师培养出台了许多公共性政策，其目的是解决乡村教师培养相关问题。2015 年出台的《乡村教师支持计划（2015—2020 年）》，是第一次专门针对乡村教师培养的五年计划。作为一项利国利民的重要系统工程，该计划对于乡村教师队伍建设，缩小城乡义务教育发展差距，推动城乡教育发展一体化进程等都具有十分重要的作用。但是，目前还没有专门的、权威的乡村教师培养工作绩效评价体系，"我国乡村教师评价体系还存在着一些问题：评价标准单一化、评价目标短视化、评价主体缺乏多样性、评价方式较为固化等"①。

目前，也有人对乡村教师培养问题开展了评价，但主要是对"支持计划"的宏观政策执行情况进行评价。在这一政策实施效果的评价研究中，总体上呈现"三多三少"态势。"三多"即：对政策措施转述、解读多，对实施情况报道多，流于表面、笼统的评价多。有的人对《乡村教师支持计划（2015—2020 年）》的

---

① 曹惠如.乡村教师支持计划(2015—2020 年)政策探析[J].市场周刊（理论研究），2018(03):156.

政策性进行分析，包括政策的价值研究、政策的设计研究、政策文本研究。有的人对《乡村教师支持计划（2015—2020年）》实施情况进行分析，包括政策的实施现状研究、政策的实施问题研究、政策的实施建议研究。"三少"即：对具体实施成效的实证研究少，对客观现实的评价少，能够提出方向性的、可操作性的、合理化的发展建议则更少。

其实，对乡村教师培养工作及乡村教师培养质量、效果的评价是对政策、措施、效果的综合性评价。但是，目前存在评价主体、评价手段和方法较为单一，评价维度不全面等诸多问题。

（一）评价单一问题

在评价乡村教师培养工作上，评价的主体应该是多元的。日本学者田中耕治认为："在教育评价中，不可否认下列各方也是评价的主体，是'利益相关者'。"① 他随即列举的"利益相关者"有：学生、教师、家长和当地居民、教育行政机构、第三方机构。中共中央、国务院2020年10月印发的《深化新时代教育评价改革总体方案》指出，要"构建政府、学校、社会等多元参与的评价体系，建立健全教育督导部门统一负责的教育评估监测机制，发挥专业机构和社会组织作用"，强调评价主体要多元。在乡村教师培养工作评价上，政府、高校、中小学、乡村教师既是评价的对象也是评价的主体，对培养工作及其成效最有发言权。但目前，较多的是教育行政部门自我评价，缺乏的是第三方评估机构和其他"利益相关者"。

因此，要重视评价主体间的多向选择、沟通和协商，保证评

---

① 田中耕治.教育评价[M].高峡，田辉，项纯，译.北京:北京师范大学出版社,2013:80.

价对象最大限度地接受和认同评价结果，就有必要优化评价手段、采取多元评价方式。要依据评价主体的不同，实施自我评价和他人评价；依据评价内容的不同，实施量化评价和质性评价；依据评价手段的不同，实施人工评价和计算机评价；依据评价方式的不同，实施现场评价和线上（网络）评价；依据评价的要求，实施质性评价与实证评价的融合。

（二）评价不全面问题

评价不全面主要体现在评价对象、评价内容、评价方法上的不全面。李森、张鸿翼在《当代中国乡村教育研究》中认为："当下，我国乡村社会和乡村教育虽正处于'触底反弹'的大趋势之中，但'边缘化''断裂化''现代化''离土化'问题仍亟待解决。"① 他们认为乡村教育质量监测具有综合性、地区性、发展性、经验性的特点。这就要求对乡村教师培养工作的评价必须建立系统标准，采用多元维度，从政府系统、学校系统、教师系统三个层面，建立对该政策进行评估的体系。但是，目前在评价对象、结构（维度）方面还存在不系统、不全面的现象，配置性评价不突出、形成性评价未强化、增值性评价缺失、综合性评价不够。比如：对政策措施是否与乡村实际脱离的评估不够，乡村教师培养与培训针对性评估不突出，乡村教师在乡村振兴中为地区提供的支持程度评估缺失，乡村教师专业发展情况评估不足，质性评价与量化评估融合不够，对乡村教师培养工作效果进行综合评估不多。

---

① 李森,张鸿翼.当代中国乡村教育研究[M].广州:广东教育出版社,2018:316.

第二节 未来需要

一、教育发展的需要

构建科学的乡村教师培养工作评价制度和体系，首先基于教育事业发展的根本需求。

教育是国之大计，教师是立教之本、兴教之源。2019 年 2 月印发的《中国教育现代化 2035》旨在推进教育现代化，实现教育强国。那么，其关键就是推动人的现代化，其基础是实现教师队伍的现代化。《中国教育现代化 2035》指出："高素质专业化创新型教师队伍是加快教育现代化的关键。"要建设高素质专业化创新型的教师队伍，实现教师队伍的现代化，必须实现教师队伍的专业化、标准化、均衡化、信息化、国际化。

教育的发展离不开乡村教育的发展。改革开放四十多年来，党和政府重视乡村教育发展，出台了一系列加强农村教育的文件，极大地改变了农村教育的落后面貌。但是，在城镇化快速发展的进程中，一些地方的乡村教育事业未得到足够重视，发展速度明显落后于时代脚步，为乡村振兴"强筋壮骨"的功能不强。要促进我国教育事业整体水平提高，促进教育公平、推动城乡一体化建设和社会主义新农村建设，需要大力、优先发展乡村教育。这就需要构建和完善乡村教育治理体系，提升乡村教育质量；"通过乡村教育与城市教育的交流、互动和资源共享，推进城乡教育均衡与公平发展"[1]；要科学评价乡村教育发展成效，调整支持政策，促进优质高效发展。

教师队伍的现代化离不开乡村教师队伍整体素质的提升。当前，我国乡村教育存在诸多原因，发展持续"失血"的关键原因是师资力量不足。发展好乡村教育，必须把全面加强教师队伍建设作为一项重大民生工程切实抓紧抓好，通过构建"有幸福感、有获得感"的良好职业生态系统（即待遇有保障、有提高，发展有空间、有后劲，职业有归属、有荣誉，事业有给养、有作为），建设新时代高素质乡村教师队伍。"乡村教师队伍建设是一项系统工程，不仅需要政策支持，还需要价值支持、信念支持和文化支持。"[2] 总体上说，要促进教育事业整体发展，必须构建乡村教育发展"新生态"，更新乡村教育发展"新理念"，培育乡村教育发展"新机制"，凝聚乡村教育发展"新活力"，形成乡村教育发展"新格局"。这些都需要有科学的评价制度和体系，才能进一步推动乡村教育、乡村教师的良性发展。

二、人才培养的需要

构建科学的乡村教师培养工作评价制度和体系，必须依据人才培养的基本需求。

一方面，要基于在职乡村教师培养培训的目标需要。从乡村教师队伍建设总体目标上讲，就是要培养稳定的、优质的乡村教师。目前，在职的乡村教师总体数量上是庞大的，但整体素质的

---

① 李森,张鸿翼.当代中国乡村教育研究[M].广州:广东教育出版社,2018:7.

② 蔡其勇,郑鸿颖,李学容.新时代乡村教师队伍建设策略[J].中国教育学刊,2018(12):81.

提升是乡村教育发展的客观要求。按照《乡村教师支持计划（2015—2020 年)》《关于加强新时代乡村教师队伍建设的意见》的要求，既要"引导发达地区率先发展，加大中西部欠发达地区支持力度，补齐乡村特别是贫困地区教师队伍建设短板，重培养、扩补充、提待遇、推交流、促发展，建设一支'下得去、留得住、教得好、有发展'的教师队伍"①，又要加强乡村教师在职培训，提升乡村教师教育教学水平。从乡村教师个体发展目标上讲，就是要培养成为"一专多能"的人才，既要成为"四有"好教师，也要成为有突出个性、具有乡土情怀、能为乡村振兴发挥技能的教师。乡村教师培养工作评价体系如果缺乏这些核心要素，就不能很好地确保乡村教师的培养目标。

另一方面，要基于在校师范专业学生培养的服务面向需要。目前，师范院校提出要培养"卓越教师"，师范专业培养方案也明确了培养规格和要求。培养乡村教师同样也可以培养"卓越的乡村教师"。但是，必须清醒地看到，地方师范院校培养的学生的服务面向是基础教育，有的还特别声明为农村培养基础教育师资。但是，一些地方师范院校师范专业学生在教育行业就业的比例并不高。如果剔除公费定向师范生就业率，师范生在教育行业就业的一般在 50% ~60%。当然，其原因是多方面的，供需中的结构性矛盾是主要的。除了要完善政策、加大支持外，高校人才培养环节的问题需要解决。但是，作为乡村教师培养工作评价制度设计，必须起到引领作用。那么，评价体系中的重要观测点不能没有"培养目标与培养效果的达成度"。因此，要考虑培养措施、培

---

① 任友群.加快实现教师队伍现代化[EB/OL]. (2019 - 03 - 15)[2020 - 03 - 16]. http://www. moe. gov. cn/s78/A10/moe_882/201904/t20190404_ 376700. html.

养过程与培养目标的关联程度，服务面向定位与就业质量（在教育行业、乡村学校）的达成情况。

三、教育评价改革的需要

构建科学的乡村教师培养工作评价制度和体系，必须依据教育评价改革的新需要。

教育评价是指在一定教育价值观的指导下，依据确立的教育目标，通过使用一定的技术和方法，对所实施的各种教育活动、教育过程和教育结果进行科学判定的过程。教育评价是一项思想性、政策性、专业性、实践性很强的工作。自泰勒（R. W. Tyler）提出以教育目标为核心的教育评价原理以来，教育评价理论得到了快速发展。我国教育评价理论与实践都经历了一个不断发展、完善的过程。从传统评价的特点、未来发展趋势和评价科学化要求来看，传统教育评价的弊端较为突出，如：教育评价的指标体系不够科学，影响了教育评价的效度；教育评价的价值标准单一化、片面化，忽视利益相关者的主体价值；教育评价的目的、功能的狭隘化，相对忽视了形成性评价、增值评价。因此，教育评价也需要加强理论建设和实践探索，才能在教育事业发展中发挥应有的功能和作用。

（一）教育评价总体改革要求

2020年6月，中央全面深化改革委员会审议通过《深化新时代教育评价改革总体方案》，指出教育评价事关教育发展方向，要全面贯彻党的教育方针，坚持社会主义办学方向，落实立德树人根本任务，遵循教育规律，针对不同主体和不同学段、不同类型教育特点，"改进结果评价，强化过程评价，探索增值评价，健全综合评价"，建立科学的、符合时代要求的教育评价制度和机制。

这为教育评价改革指明了方向，明确了要求，也给乡村教师培养工作评价以有益的启示。

在乡村教师培养工作评价理论建设上，要给乡村教育改革和发展、乡村教师培养及专业发展提供理论先导，并有效回应乡村教师培养实践中提出的问题。比如：乡村教师培养工作评价的本质特征是什么、评价的内涵和内在要求是什么、评价的主客体关系如何、评价的原则和维度是什么、评价的指标体系如何构建等等，这些都需要教育评价理论工作者创造性地加以解决。

因此，要建立和完善系统化的评价机制，完善管理、导向、监控、保障四个方面的机制；要构建融合性强的评价体系，准确把握各评价对象的职责与诉求；要促进开放式的评价联动，推动评价目标的实现。在政策评价上，要建立"走向多方和谐的乡村教师教育政策评价"①，关注政策的适切性和有效性；在培养工作具体实施评价上，要重视形成性评价，考察培养措施与效果的达成度；在培养绩效评价上，要重视增值评价和综合评价，关注乡村教师的专业发展和职业成长。

（二）师范专业认证改革的要求

从教育部《关于印发〈普通高等学校师范类专业认证实施办法（暂行）〉的通知》中得知，师范专业认证就是为了"建立健全教师教育质量保障体系，不断提高教师培养质量"，"多维度、多视角监测评价师范类专业教学质量状况"的过程。可以说，师范专业认证是教育评价中的重要方式。师范专业认证要求树立"学生中心、产出导向、持续改进"的先进理念，有力地推动新时

---

① 戴斌荣.乡村卓越教师的培养［M］.北京:北京师范大学出版社，2018:172.

代教师教育人才培养质量提升；要引导师范类专业建立持续改进的质量保障体系，形成"评价—反馈—改进"闭环，建立持续改进的质量保障机制，保证师范生培养质量不断提升。

从目前师范专业认证情况看，可以肯定，师范专业认证有利于保证师范生培养质量达标，助推教师教育振兴发展，助力教育脱贫攻坚精准服务，有助于教师教育质量监测。但是，师范专业认证还需要进一步改进，为乡村教师培养工作保驾护航。

因此，师范专业认证改革的主要方向和重点是：1. 规范师范教育办学基本要求，引导师范类专业面向需求和办学实际设定人才培养目标。"农村和贫困地区教育薄弱的主要原因是缺教师，特别是优秀教师。因此，打赢教育脱贫攻坚'总攻'战，必须要加大师范生培养力度，为乡村学校及教学点培养'一专多能'且'下得去、留得住'的教师"①。2. 强调师范生师德师风、爱教乐教精神培养。在师范专业认证中，要强调"四有"好老师的标准，引导师范生提升职业道德修养和为乡村教育服务的意识。3. 推动师范教育条件建设，为乡村教师培养夯实基础条件。在师范专业认证中，要引导政府、高校打破投入不足、生源质量下滑、培养层次规格落后、课程教学内容陈旧、学科专业和师资薄弱等发展瓶颈，助推教师教育振兴发展，支持乡村教育快速发展。4. 引导各培养主体改进乡村教师培养工作。要引导地方教育行政部门将师范类专业认证作为振兴教师教育、从源头上培养高素质教师的实招硬招，变"输血支教"为"造血兴教"；引导高校加强教师

---

① 刘利民.抓住机遇　趁势而上　稳步推进师范类专业认证　助力教师教育振兴发展:在普通高等学校师范类专业认证专家委员会工作会上的讲话[EB/OL].（2020－07－10）[2020－07－16].http://www.ceaie.edu.cn/bangongshi/bumendongtai/2504.html.

教育学科建设，强化师范生教学技能训练，增强为乡村教育服务的专业学科能力。

为了适应师范专业认证的基本要求和改革方向，乡村教师培养工作评价体系的建立要有鲜明的导向，既要促进高校师范专业上水平、上等级，又要引导其为乡村教师培养做出应有的贡献。

第二章　理论指引

人才培养工作评价所涉及的理论较多，主要有政治学、社会学、管理学、教育学、心理学等理论。乡村教师培养工作评价主要依据系统理论、多元理论和开放理论。

第一节　系统理论

20世纪，美籍奥地利人、理论生物学家 L. V. 贝塔朗菲（Ludwig Von Bertalanffy）提出了"开放系统理论"。人们一般认为，系统理论是研究系统的一般模式、结构和规律的学问，它研究分析系统的结构和功能，研究系统、要素、环境三者的相互关系和变动的规律性，是具有逻辑和数学性质的一门新兴的科学。系统论认为，整体性、关联性、等级结构性、动态平衡性、时序性等是所有系统的共同的基本特征。"系统理论的核心是系统的整体性、目的性最优化。换一句话说，从系统的整体出发，选用最优的方法、程序和手段，达到预期的有效的目的"[①]。

就教育事业发展而言，必须坚持系统观念，要加强前瞻性思考、全局性谋划、战略性布局、整体性推进。习近平总书记在全国教育大会上系统阐述了关系我国教育事业改革发展的一系列方

[①] 李存生.乡村教师专业发展引论[M].北京：人民出版社，2018:56.

向性、全局性、战略性问题，以整体性、系统性、协同性思维推进教育事业改革发展的精神贯穿始终。就教育评价而言，需要注重整体性、时序性、动态性。整体性体现在目标、过程、环境的整体性；时序性是指自身结构有序、运行实施的有序；动态性是指目标实现是动态过程，未来发展更是动态的。在系统理论的指引下，乡村教师培养工作评价要把握三个方面：

一、树立整体观念

在乡村教师培养工作评价中，要树立整体观念。一方面，乡村教师培养工作就是一个系统，包括培养方案、培养过程，涉及政府、高校、中小学和教师本身。同时，它又是教师培养这一系统中的子系统。另一方面，乡村教师培养工作评价也是一个系统，包括政策设计、实施过程、检测调控等。同时，它又是教育评价系统中的一个子系统。因此，要充分认识乡村教师培养与乡村教育、乡村振兴、教育事业的关系，审视各要素的关联性、结构状态及作用机理。

二、注重时序性

在乡村教师培养工作评价中，要注重时序性。所谓时序性是指事物自身结构的有序，是指评价体系和评价工作实施的有序。要科学构建评价的标准体系与内涵的结构层级，处理主次关系、权重关系。在评价实施和操作上，要遵循认识—实践—认识这一认识论，在研究分析政策制度基础上，构建评价标准和指标体系，开展评价实践，再总结调整提升。

三、把握动态发展

在乡村教师培养工作评价中，要把握动态发展。一是培养工作是在不断发展的，政策在不断完善，措施在进一步落实，效果在不断扩大，要求也在不断提高。二是评价也是在不断变化的，新的思想、新的方法、新的技术时有涌现。因此，要准确把握未来发展尤其是改进需求与趋势，树立科学发展观，发挥教育评价的作用。只有"树立科学的教育评价导向"，"教育质量评价指标应更加科学多元"，才能实现"用科学的教育评价导向引领教育发展"①。

第二节 多元理论

多元，在社会科学中，指不同种族、民族、宗教或社会群体在一个共同文明体或共同社会的框架下，持续并自主地参与及发展自有传统文化或利益。多元化则指事物的发展，到了一个很丰富的境界，有多种分类、多种行业。多元主义指事物的发展，到了一个很丰富的境界，有多种理想观点和主张，同时也有多种分歧意见的总称。

多元主义认为，永久性社会团体具有人格的属性、独立的思想和意志。国家是多样性的社会团体之一，并不是法律的唯一来源，其他社会团体也是法律的创制者。美国哲学家玛格丽特·吉尔伯特（M. Gilbert，1989）从认知主体的角度出发，提出了多元主体（Plural Subject）和共同承诺（Joint Commitment）的概念。《礼记·礼运》中记载的"天下为公"之思想、顾炎武在《日知

---

① 汪明.用科学的评价导向引领教育发展[N].中国教育报,2018-09-18(2).

录》提出的"人君之于天下，不能以独治也"都包含着多元共治的理念。党的十九大报告明确提出要打造共建共治共享的社会治理格局，强调社区和乡村治理要强化法治、德治、自治，也体现了多元共治的理念。多元共治即多元主体共同治理，它既是一种新的治理理念，也是一种新型的管理模式。"多元共治不仅是治理主体的多元，还是共治方式的多元"，"共治的客体是多元的"，"多元共治还意味着治理体制和结构的多元"。①

多元理论在社会学、政治学、管理学中的广泛应用，为教育管理提供了启示。根据多元理论，在教育评价中，评价的主体、评价的维度、评价的对象、评价的方式是多元的。可以说，多元共治理论在教育评价中具有很强的适切性。就乡村教育发展、乡村教师培养评价而言，多元理论为评价实践提供了思路。

一、对乡村教育、乡村教师的政策的评价应该注重多角度

一些发达国家非常重视政策评价制度建设，如法国的《研究政策与技术开发的评估》、日本的《政策评估法》、英国的《政策评估绿皮书》、韩国的《政策评估框架法案》等都对政策评估主体、评估类型、评估程序、评估结果的使用和公开等内容做出了明确、详细的规定，为政策评估提供了有力保障。我国也越来越重视对政策的评估，并在不断改进政策评估。我国教育政策监测与评估既有垂直结构中的行政部门、立法部门，又有来自水平结构中的社会组织、公众、大众传媒和舆论的监测与评估；既有自我评估，也有他人评估和第三方评价，基本体现主体多元性。在教育政策评估上，通过对相关教育政策系统把脉和诊断，精准把

———————
① 江必新.关于多元共治的若干思考[J].社会治理,2019(3):10-11.

握教育领域的现状和教育政策效能。"为推进教育政策评估工作，需要从制度建设、理论研究、信息系统建设等多方面建立相应的支持体系，才有可能取得较好的效果"①。就政策评价而言，多元思维能更全面地把握客观情况。多元智能理论认为人的智力不是单一的能力，而是由多种能力构成的。因此，评价指标、评价方式也应多元化。多元智能新理论下的教育评价也应该是多角度评价，即外部评价和内部评价相结合。"教育政策绩效评估有效性涉及众多的组织、机构和个人，不同的利益诉求导致要求的结果不尽相同。只有从多个角度展开分析，才能保证研究贴近现实情况，保证研究结果的有效性和调查过程的可参考性"②。由于教育政策的牵涉面广、利益诉求不同、教育政策影响的群体也存在着差异，评估的主体组成需要多元化。

乡村教育、乡村教师发展政策具有很强的公共性。既有国家层面的政策，也有地方出台的政策；既有关于教育事业总体政策，也有某一方面的专门政策。因此，对教育政策的评价既要有全局观念，又要有微观视角；既要从国家教育事业整体上分析评价，又要多方面、多角度专门性地剖析判断。

二、对乡村教师培养工作应该瞄准多个主体

乡村教师培养主体既有政府，也有大中专院校，还有中小学校及教师本身。

---

① 王蕊.夯实政策监测评估，推进决策科学化[EB/OL].(2018-01-25)[2020-03-05].http://www.ncedr.edu.cn/kycg/201801/t20180125_29830.html.

② 路耀芬.教育政策绩效评估的有效性研究[J].教学与管理，2016(10):7.

《乡村教师支持计划（2015—2020年）》明确："地方各级人民政府是实施乡村教师支持计划的责任主体"，"教育行政部门要加强对乡村教师队伍建设的统筹管理、规划和指导。发展改革、财政、编制、人力资源社会保障部门要按照职责分工主动履职，切实承担责任"。不仅如此，承担教师培养培训的高校、中小学及其教师，同样是乡村教师培养的主体。忽视这些主体的作用，势必大大减弱培养的力量，大大影响培养的质量。因此，必须立足多元理论，动员多主体参与乡村教师培养。

在乡村教师培养工作中，各个主体都具有实际话语权。各个主体之间存在相互协作的关系，各主体之间相互配合，在教育政策的引领下，整合优化教育资源、协同培养措施，把各方力量凝结成集体的力量，才能更好地实现培养目标，保证培养质量。正是因为乡村教师培养工作中客观存在多个主体且主体之间应该相互协作，所以以多元共治理论为指导具有很强的必要性和可行性。

三、对乡村教师培养工作评价应该体现多维性

维度（Dimension），又称为维数，是数学中独立参数的数目。从广义上讲，维度是事物"有联系"的抽象概念的数量，"有联系"的抽象概念指的是由多个抽象概念联系而成的抽象概念，和任何一个组成它的抽象概念都有联系，组成它的抽象概念的个数就是它变化的维度。评价维度也称为评价要素或称测评指标、评价项目等，它是人才评价工作的核心。比如，有的从内在素养提出对学生评价的五个维度：思想品德、学业水平、身心健康、艺术素养、社会实践（也有六个维度的，如：道德品质、公民素养、学习能力、交流与合作能力、运动与健康、审美与表现）；有的提出以综合素质、专业管理、工作业绩作为干部评价的三个维度。

依据多元理论，可以看到多元化评价具有鲜明的特征：在评价价值取向上，强调人的多元智能；在评价方向上，关注评价对象的未来发展；在评价主体上，主张多元主体，强调评价对象成为主体；在评价内容上，重视过程评价；在处理动静态关系上，更重视动态生成过程；在对待共性和个性关系上，更重视个性和差异性；在量化评价和质性评价关系上，强调用质性评价统整量化评价；在评价方式上，重视可操作性。

在乡村教师培养工作评价上，除乡村教师培养多元主体或对象外，在评价维度上必须注重多样性，即突出配置性评价、强化形成性评价（过程评价）、探索增值性评价、健全综合性评价、改进总结性评价（结果评价）。

第三节　开放理论

经济学鼻祖亚当·斯密在《国民财富的性质和原因的研究》（《国富论》）中提出了著名的"绝对优势学说"，认为各国要获得绝对优势，就必须在经济上开放，实行自由贸易。这为开放理论提供了理论基石。20 世纪 80 年代以来，我国对于开放问题进行了理论探索和深刻实践。

我国所提倡的开放发展，是准确把握国际国内发展大势的先进理念，是深化认识发展规律的科学理念。开放发展理念包含主动开放、双向开放、公平开放、全面开放、共赢开放等重要思想。其内涵有五大特征：从开放模式看，体现在对传统开放方式的创新；从开放目标看，体现在开放规模与开放质量的统筹；从开放战略看，体现在对互利共赢的把握；从开放层面看，体现在双向开放、内外互动的全方位开放格局的构建；从开放范围看，体现在区际开放与对外开放的统一。

开放始于经济和政治领域，产生积极效果和深远影响，并给予教育评价有益启示。"开放式评价法是程序化的公开，是受控评价，即只要按照公开的评价规范与流程，无论谁来评价都会得到可重复的评价结果"①。在乡村教师培养工作评价中，要注重四个方面的开放。

一、评价主体的开放

评价主体的开放，就是打破评价主体单一局面，实行多元主体、利益相关者共同参与的评价，而且必须是共同参与又各有主次的评价，是你中有我、我中有你又相互协作的评价。在乡村教师培养工作评价中，政府、高校、乡村中小学是重要的主体，乡村教师既是评价的主体也是评价的终极对象。仅有这些还不能确保评价的开放性，必须面向社会评价机构、社会媒体开放，广泛听取意见，获得客观的第三方评价结论。

二、评价内容的开放

由于评价内容多元，必须实施全要素评价。乡村教师培养工作具有系统性，涉及许多要素，如：培养政策、实施办法、培养方案、培养过程、培训方案、培训实施、乡村教师状况、专业发展、乡村教育生态、乡村教育发展效能、乡村振兴动力等。因此，对乡村教师培养工作评价既涉及专项内容评价，又要注重全面评

---

① 刘益东.外行评价何以可能：基于开放式评价的分析[J].河南大学学报（社会科学版），2016（5）：147.

价，还要重视各要素之间的联系。

三、评价方法的开放

评价方式、方法要多样化，必须实施开放式、全员性评价。要实施"内外联动"，重视自评和他评相结合，把自评过程变成一个自我反思、自我完善的过程；把他评过程变成促进自我完善、主动思变的过程。其中，乡村教师自我专业发展评估是极其重要的环节，能帮助政府、高校在培养乡村教师时增强针对性和有效性。同时，还要重视信息反馈，实行评价结果公示制度，主动接受社会监督。开放式评价可以做到"通过公开实现公平公正，通过公开实现高效合理"①。

四、评价时空的开放

要求评价的多向化，实现全程评价。时空的开放要求贯穿全程性评价理念，实施全方位、多渠道、足迹式全程评价。乡村教师培养工作评价要以制度设计为起点，把握形成过程，纵览和横观培养工作各方面情况，审核培养效果，评估社会反响，以此增强评价的全面性和有效度。

本篇小结

关于评价的依据，乡村教师培养工作现状，包括问题、成效是评价的客观依据。教育评价相关的基本理论是乡村教师培养工作评价的理论依据。前者体现培养工作的问题导向和目标导向；

---

① 刘益东.外行评价何以可能:基于开放式评价的分析[J].河南大学学报(社会科学版),2016(5):146.

后者是评价工作的基础和指针。这些为乡村教师培养工作指标体系构建确定了立足点、出发点，也提供了评价工作的基本思路。尤其是中共中央、国务院颁发的《深化新时代教育评价改革总体方案》，为乡村教师培养工作评价指明了方向并激发了动力。

第二篇 评价对象

对象（Subject），指行动或思考时作为目标的事物。评价对象就是所要评价的某一群体或个体。在乡村教师培养上，工作主体是多元的。2018 年 1 月 20 日，《中共中央　国务院关于全面深化新时代教师队伍建设改革的意见》明确提出，要"实施教师教育振兴行动计划，建立以师范院校为主体、高水平非师范院校参与的中国特色师范教育体系，推进地方政府、高等学校、中小学'三位一体'协同育人"。根据现代教育评价的最新理论，将评价对象扩展到所有教育领域，宏观的、中观的、微观的教育活动都可作为评价对象；重视把评价对象看作评价的主体，强调评价对象自我评价的重要性，那么，在乡村教师培养工作评价上，评价主体与评价对象存在高度重合性。但是，目前工作的主体未形成鲜明的、紧密的协作关系；评价对象未全覆盖（比如，常常忽视对教师培养效果的评价）。

因此，要从工作主体的职能和主体与对象的关系出发，明晰评价对象，为乡村教师培养工作评价提供标靶，从而保证乡村教师培养工作评价的全面性和有效度。

第一章 政 府

政府是指国家进行统治和社会管理的机关，是国家表示意志、发布命令和处理事务的机关。广义的政府是指行使国家权力的所有机关，包括立法、行政和司法机关；狭义的政府是指国家权力的执行机关，即国家行政机关。一般从狭义概念出发取"行政机关"之义。根据《中华人民共和国教育法》第十四条"国务院和地方各级人民政府根据分级管理、分工负责的原则，领导和管理教育工作。中等及中等以下教育在国务院领导下，由地方人民政府管理"之规定，从我国现行体系和乡村教师培养工作主体看，政府是指中央人民政府和各级地方人民政府。

第一节 中央人民政府

在我国行政系统中，国务院居于最高领导地位，统一领导所属各部、委的工作，统一领导全国各级地方行政机关的工作，有权根据宪法、法律管理全国范围内的一切重大行政事务。

《中华人民共和国教育法》第十四条规定："国务院和地方各级人民政府根据分级管理、分工负责的原则，领导和管理教育工作。"这里明确了中央人民政府和地方人民政府管理教育的职能，即政府依法对教育事业进行管理时所承担的责任和具有的功能。《中华人民共和国教育法》第十五条规定了教育部的职责："国务院教育行政部门主管全国教育工作，统筹规划、协调管理全国的教育事业。"《中共中央关于全面推进依法治国若干重大问题的决定》要求"加快建设职能科学、权责法定、执法严明、公开公正、廉洁高效、守法诚信的法治政府"。

《国家中长期教育改革和发展规划纲要（2010—2020年）》提出要转变政府教育管理职能："各级政府要切实履行统筹规划、政策引导、监督管理和提供公共教育服务的职责，建立健全公共教育服务体系，逐步实现基本公共教育服务均等化，维护教育公平和教育秩序。"这就要求政府真正担负起教育管理的职责，推动教育管理体制改革。

从中央人民政府管理教育职责看，主要有：制定法规、编制规划、教育投入、任用人员、协调关系。而最核心的就是政府颁布的"教育政策法规"。教育政策法规就是国务院及国家教育行政主管部门就教育相关问题以权威形式标准化地规定在一定的历史时期内的目标、原则、任务、方式、措施。因此，在乡村教师培养工作评价方面，评价"政府"这一对象，重点要考察"教育政策法规"，主要从以下几个方面考察：

一、政策法规的价值取向

价值就是客观对象对人的意义，它表示人和客观对象之间需要和满足需要的关系。所谓价值取向就是要根据自己的价值观来解决自己生活中的各种问题、矛盾冲突等，在处理自己的问题的时候所坚持的立场观点和态度，也就是说人们在对这些问题进行处理的时候所展现出来的价值思想和价值观。

政策法规主体的价值选择就意味着政策法规的价值取向。也就是说，政策法规选择本身就是一种价值选择。当然，政策法规价值选择具有多元性。教育政策法规的价值选择主要包括法治、公平、效率等。

（一）法治

法治，即根据法律治理国家。法治与人治相对，是不同的治国理念、治国方略，也是一种法律价值、法律精神。

1999 年九届全国人大二次会议通过的《宪法修正案》规定："中华人民共和国实行依法治国，建设社会主义法治国家。"在党的十五大上，江泽民明确提出依法治国的基本方略，将过去"建设社会主义法制国家"的提法，改变为"建设社会主义法治国家"。党的十六大提出，要把依法治国作为"党领导人民治理国家的基本方略"。党的十八届四中全会通过《中共中央关于全面推进依法治国若干重大问题的决定》，指出："依法治国，是坚持和发展中国特色社会主义的本质要求和重要保障，是实现国家治理体系和治理能力现代化的必然要求。"

在教育领域，鲜明提出"依法治教"的是 1993 年中共中央、国务院颁布的《中国教育改革和发展纲要》。该纲要明确要求"加快教育法制建设，建立和完善执法监督系统，逐步走上依法治教的轨道"。依法治教，就是依据法律来管理教育，规范教育行为。具体来说，就是用法律来规范教育管理活动，协调教育关系，指导教育活动，解决教育矛盾，保护学校和师生的合法权益，促进教育事业的健康快速发展。"以法治精神作为指导，在程序规范、公开透明和接受公共监督的前提下，深化教育领域综合改革，推进教育现代化探索实践，始终确保在法治轨道上推进教育发展"①。

那么，在考察教育政策法规时，要深入了解是否真正树立"法治"理念，是否真正以"法治"手段管理教育。

从目前状况看，我国现有的教育立法不仅缺乏较强的操作性，而且缺乏对乡村教育的针对性。"农村地区的教育相对于城市的教育存在诸多的特殊之处，农村教育的滞后性、单方性、随意性等都是农村教育所特有的，相对于城市的教育，农村教育的特殊性决定了其必须要区别于城市教育，因此，有必要制定一部专门的法律解决农村中的教育问题"②。在乡村振兴战略下，我国乡村教育立法亟待完善，法治理念必须强化。虽然《乡村教师支持计划（2015—2020年）》提出了一些很好的意见，但仍存在效力不强、措施不系统、操作不简便等问题。要针对乡村教育发展、乡村教师队伍建设中的难点问题、瓶颈，以立法手段从根本上解决。要尽快为乡村教育立法，专门地、系统地解决乡村教育发展中的问题，如：推进城乡师资均衡配置，推进城乡义务教育一体化，解决地方之间教育投入差异问题，解决乡村教师编制问题，促进乡村教师专业发展问题。

综上所述，在乡村教师培养工作评价上，对政府的评价主要看政策法规的制定是否合宪；法治理念是否鲜明、是否一以贯之；政策是否符合法治精神、是否与法律法规相一致；是否针对乡村教育实际、乡村教师队伍状况有创造性地立法立规。

---

① 本报评论员.全面建设依法治教的教育法治体系：三论深入学习贯彻党的十九届四中全会精神.[N].中国教育报，2019-11-11(1).
② 陈宇超.浅析农村教育现状及立法完善[J].法制博览，2015(26)：107.

（二）公平

公平就是兼顾个人、集体、国家等不同主体的利益主张，平衡与之相关的利益冲突。教育政策法规的价值取向就是围绕全面建设小康社会、构建社会主义和谐社会基本要求，强调教育公平。

2007年经济合作与发展组织（OECD）在制定教育政策时对教育公平的定义明确为两个方面，即公正（fairness）、覆盖（inclusion）。一般认为，教育公平是指国家对教育资源进行配置时所依据的合理性的规范或原则。这里所说的"合理"是指要符合社会整体的发展和稳定，符合社会成员的个体发展和需要，并从两者的辩证关系出发来统一配置教育资源。因此，教育公平要求：确保人人都享有平等的受教育的权利和义务；提供相对平等的受教育的机会和条件；教育成功机会和教育效果的相对均等。其中，"确保人人都有受教育的机会"是前提和基础，"提供相对平等的受教育机会和条件"是进一步的要求，也是"教育成功机会"和"教育效果相对均等"的前提。也就是说，教育公平就是受教育的机会公平、受教育的过程公平、教育结果公平等。

在考察乡村教师培养方面的政策法规时，要重点考察其在乡村教育发展、乡村教师培养方面的"公平理念"的确立与实施情况。

1. 是否树立"城乡教育公平"意识

不仅能回答"教育公平应该是什么""怎样才算教育公平"，而且必须回答"什么是城乡教育公平""怎样实现城乡教育公平"。一般认为，城乡教育公平，就是指在城乡范围内统筹教育资源的配置，打破城乡二元经济结构和社会结构的束缚，构建动态均衡、双向沟通、良性互动的教育体系和机制，实现城乡一体化发展。城乡间教育公平是教育公平的重要内容，在城乡统筹发展、振兴乡村、构建和谐社会的背景下更应该得到政府的重视。

2. 是否有明确的、可行的促进教育公平的举措

即是否出台了充分体现"公平"理念的振兴乡村教育、加强乡村教师队伍的系列举措；是否"坚持以为民理念引领公平，以优先发展促进公平，以惠民政策保障公平，以规范管理维护公平"①，包括对乡村教师培养方面的支持、倾斜力度，在缩短地区之间、城乡之间差距的时效性和力度等等。

3. 是否建立城乡教师队伍建设一体化的长效机制

党的十八届三中全会提出"健全城乡发展一体化体制机制"，对在新型城镇化背景下推进乡村教师队伍建设政策创新提出了新任务新要求。因此，乡村教育政策法规要坚持"推进城乡一体化发展"的价值导向，坚持"促进乡村振兴"的根本方向，坚持"城乡教育一体化"发展观，坚持"乡村教育振兴重在教师"的人才观，要注重规划统筹，扎实推进，督促调控，建立和完善城乡教育、教师一体化长效机制。

时任教育部教师工作司司长许涛在《建立城乡教师队伍一体化发展机制》一文中指出，义务教育教师队伍建设应着重在以下五个方面寻求政策创新，即"推进校长教师交流轮岗城乡一体化；推进教师资源配置城乡一体化；推进教师培养补充城乡一体化；推进教师教育资源共享城乡一体化；推进教师地位待遇城乡一体化"。

因此，对乡村教师培养要关注城乡教师的差异与互动情况，要关注优质乡村教师队伍建立的机制。

---

① 杨银付. 深层次的教育公平如何实现 [N]. 光明日报, 2019 – 10 – 16 (13).

（三）效率

从管理学角度来讲，效率指在单位时间里完成的工作量，或者说是某一工作所获得的成果与完成这一工作所花时间和人力的比值。习近平曾阐述了效率的内涵，即"简化就是效率，协调就是效率，速度就是效率，责任明确就是效率，最小的失误就是效率，办一件事成一件事就是效率"①。政策效率可理解为政策投入与产出之间、成本与收益的比例。它包含政策的成本、单项政策的投入和产出、政策的全部成本与总体产出三个层次。考核政策效率要重点关注是否以较少的投入较快、较好地实现政策目标，即是否用最小的政策成本达到和实现最大的政策目标。对此，负杰、杨诚虎在《公共政策评估理论与方法》一书中提出了政策次序计算公式，其中：预期政策效率＝（政策目标效果－政策实施前效果）/耗费的时间②。

根据政府的职责，政府应当加强法治建设，重视政策法规的选择与创新，以完备的立法形式、准确的执法手段和有效的监督措施来管理和服务教育事业，促进政策法规效率的提高。因此，在考察政府政策效率时，要以实现政策目标的程度作为衡量政策效率的尺子，关注政策的实际效果是否与预定目标相符合。

在乡村教师培养工作评价上，要重点考察政府出台的政策是否坚持了社会公正的原则；政策是否满足乡村教师的利益；政策是否有利于乡村教育发展和乡村振兴的需要；政策是否有利于建设优质的乡村教师队伍；政策是否有利于促进乡村教师专业发展。

---

① 习近平.知之深 爱之切[M].石家庄:河北人民出版社,2015:252.
② 负杰,杨诚虎.公共政策评估理论与方法[M].北京:中国社会科学出版社,2006:11.

二、政策法规的科学性

科学性是判断事物是否符合客观事实、是否体现客观规律的标准。在决策中，科学性要求决策活动必须在决策科学理论的指导下，遵循科学决策的程序，运用科学思维方法来进行决策。

政策法规的科学性体现在哪些方面？如何判定政策法规具有科学性？政策法规的科学性应该具有目标针对性、内容合法性、措施系统性、文本严谨性、操作可行性。

（一）目标针对性

政策法规的设计起点必须坚持"以人民为中心""以问题为导向"，要从解决人民现实中的实际问题入手，体现人民意志，保障人民权益，激发人民创造活力，回应人民群众需求，并且，"在政策问题的选择和政策议程的设置上要反映社会发展的迫切需要"①。只有将党和政府的治理理念与人民的利益诉求和社会发展密切结合起来，为了群众、依靠群众，才能保证政策法规的科学性和有效性。因此，要构建宏观政策稳妥、微观政策灵活、社会政策托底的政策框架，坚持问题导向、目标导向，提高政策法规的前瞻性、针对性。

（二）内容合法性

政府政策的存在与有效实施是以合法性为前提的。马克斯·韦伯认为人类政治合法性基础不外乎三类：传统权威模式（traditional authority），个人魅力权威模式（charismatic authority）和法理权威模式（legal – rational authority）。那么，判断政策法规

---

① 涂端午,魏巍.什么是好的教育政策[J].教育研究,2014,35(1):50.

的合法性，要审核制定主体是否合法，是否基于法律的授权，是否符合上位法和上级政策文件的规定，是否超越自己的职权范围，是否遵守程序法规范。也就是说，公共政策内容合法性的认定不仅在于政策主体的意愿和努力，更取决于政策对象依据特定的标准对政策的认知和判断。

此外，政策法规设计中要科学处理各种关系，"实现工具理性和价值理性的统一"①。2014 年 2 月 17 日，习近平在省部级主要领导干部学习贯彻十八届三中全会精神全面深化改革专题研讨班开班式上谈到制定"好文件"时指出："要弄清楚整体政策安排与某一具体政策的关系、系统政策链条与某一政策环节的关系、政策顶层设计与政策分层对接的关系、政策统一性与政策差异性的关系、长期性政策与阶段性政策的关系。"②

（三）措施系统性

系统性是指一个层次分明的整体，不同维度的指标处于不同层级，形成一定的秩序，同层级指标之间、指标层与指标层之间具有清晰的逻辑关系。政策本身就是一个系统，它的制定、执行（运行）与载体、环境等构成一个系统。就政策法规的内在结构看，措施是否具有系统性关系到政策法规的科学性。从类别看，措施包括政治措施、组织人事措施、经济措施、文化措施等；从时空看，措施包括宏观长远的措施、微观具体的措施。作为公共政策，教育政策法规必须形成大协作格局，既要有长远的发展规划，又要有某一方面专门的制度和办法；既要有总体上的原则要

---

① 涂端午,魏巍.什么是好的教育政策[J].教育研究,2014,35(1):50.

② 新华网.习近平首提"政策五关系"加快推动全面深化改革[EB/OL].[2014-02-21].http://www.xinhuanet.com/politics/2014-02/21/c_119448815.htm.

求，又要涵盖各方面具体措施。只有这样，才能增强政策制定和执行的系统性、整体性、协同性。

（四）文本严谨性

严谨，就是严肃谨慎、细致周全、完善。"政策设计的科学性既表现为文本内容的科学性，也表现为政策设计的全面性、恰当性、适用性等"①。政策需要严谨和科学的设计，要经得起实践的检验。一是发文前应充分论证、准备周全，确保严谨科学、符合实际，避免事后打"补丁"。二是在文本表述上要严谨推敲，降低"误读政策"发生概率。三是在发布文件的时候，要完整地发布政策原文，尽量拓展范围，真正做到"人人皆知"。

（五）操作可行性

可行性是指（方案、计划等）所具备的可以实施的特性。政策法规内容再好，但操作不便，可行性不强，也不是好政策法规。评价政策法规可行性，除了考察其目标、内容是否符合客观要求外，主要从实施的技术层面进行考察：一是分析是否需要更具体、更细致的配套的实施方案、办法；二是从全局出发，依据发展趋势预判将收到怎样的效益；三是分析可能会出现什么样的副作用；四是现有实施条件、环境是否满足政策法规推行的基本需要；五是对实施路径的选择是否准确或有效。

综上所述，教育政策法规的科学性考察主要基于"政策法规的话语""政策法规的文本属性""政策法规的效益"。"教育政策话语要求政策能被理解和接受，如'下得去、留得住、用得上'的乡村教师教育政策话语；教育政策作为文本话语的本质属性要求它

---

① 林学启. 提高政策执行的有效性[J]. 学习论坛,2017,33(07):22.

必须得到准确解读和贯彻实施，并可以转化成实施方案，且具有行动的可建构性；教育政策效益体现在对现实教育问题的解决程度上"①。在乡村教师培养工作评价中，重点要考察政府关于乡村教育、乡村教师培养方面政策法规的价值取向、系统性和有效性。

三、政策法规的有效性

效率作为公共政策的价值取向，主要是指政策资源配置的有效性。美国经济学家阿瑟·奥肯（Arthur M. Okun, 1928—1980）指出："效率意味着从一个给定的量中获得最大的产出。"② 有效性是指完成策划的活动和达到策划结果的程度。考察政策法规的有效性，主要看政策法规目标的有效性、过程的有效性、结果的有效性。

目标的有效性要求主体立足于对客观事物的科学认识，所制定的目标立足于客观存在的问题和未来需要。政策有效性不强的原因包括：政策在目标、内容、管理上彼此冲突；有些政策问题纷繁复杂，解决难度大以及政策超前或滞后。

过程的有效性要求实施过程循序渐进，适时监控反馈，不断改进。过程有效性是完成过程策划的活动，并实现策划结果达成过程输出预期目标的程度。过程有效性好，说明按策划的活动要求执行策划活动并实现策划的结果。教育政策执行的有效性直接关系到教育政策执行的效果，并影响教育目标的实现，从而进一步影响到教育事业的持续发展。"政策执行主体、政策执行目标群

---

① 朱旭东.什么是好的教育政策研究[J].华东师范大学学报（教育科学版），2018（2）：19.

② 奥肯.平等与效率：重大的抉择[M].王奔洲，译.北京：华夏出版社，1999（2）.

体、政策环境等要素，都会对政策执行的有效性产生直接的影响"①。

结果的有效性就是达到了预期效果，解决了实际问题。执行政策法规后，能有效地调整新的社会关系，有效地解决新的社会问题，并为新的制度安排提供支撑。

教育政策的有效性是教育政策重要的一个价值向度，要求教育政策活动以最小的代价获得具有最大化正价值的政策结果，即实现教育政策功能和效益的最大化。衡量乡村教师培养工作的政策法规最直接有效的基本指标就是教育政策能否顺利、高效地解决乡村教育问题，是否解决了乡村教师培养中最核心的培养培训经费问题、乡村教师人事编制问题、乡村教师工资待遇问题、乡村教师专业发展支持体系问题。从《乡村教师支持计划（2015—2020 年）》执行效果看，"经过各级政府的不懈努力，两年多来乡村教师队伍建设取得明显成效。乡村教师群体对各级政府、职能部门、管理部门的认可度不断提升"。但是仍然还存在一些问题，如："'下得去'的区域差异较大，且不稳定""'教得好'的类型差异较大，且需再培养""培训经费充足，但精力不足'耗不起'""花费大量心力，但成就小"②。由此观之，教育政策的有效性还有待提升，必须从制度设计、执行机制上下功夫，确保政策落实取得更大实效。

---

① 罗晓燕.我国教育政策执行研究的特点与未来趋势:基于对近二十年相关文献的量化分析[J].教育探索,2020(6):10.

② 中国教育科学研究院课题组.乡村教师队伍建设的成效与困难:一项基于中西部五省区乡村教师队伍的调查[N].中国教育报,2018－07－10(8).

第二节　地方人民政府

地方政府是指一个国家的特定地方内，具有规范性之自我治理能力（即所谓地方自治）的政权团体，与中央政府相对应。广义的定义指管理特定行政区域内公共事务的政府机构之总称，狭义的定义则专指地方的行政机关。地方各级人民政府是地方各级国家权力机关的执行机关，是地方各级国家行政机关。

《中华人民共和国宪法》第九十五条规定："省、直辖市、县、市、市辖区、乡、民族乡、镇设立人民代表大会和人民政府。"第一百零五条规定："地方各级人民政府是地方各级国家权力机关的执行机关，是地方各级国家行政机关。地方各级人民政府实行省长、市长、县长、区长、乡长、镇长负责制。"由此观之，我国的行政区划基本上分为省（自治区、直辖市）、县（自治县、市）、乡（民族乡、镇）三级。我国地方人民政府既是国家的，也具有地方属性；既是国家机构体系的重要组成部分，负责执行或保证执行宪法、法律、行政法规和上级国家机关的决议决定，办理上级国家机关交办的事务，同时也是地方单位，依法管理地方事务（民族自治地方的自治机关还享有自治权）。

就管理教育职能看，《宪法》第一百零七条明确"县级以上地方各级人民政府"依照法律规定的权限，管理本行政区域内的教育等行政工作。《中华人民共和国教育法》第十五条规定："县级以上地方各级人民政府教育行政部门主管本行政区域内的教育工作。"《中华人民共和国教育法》第十四条规定："中等及中等以下教育在国务院领导下，由地方人民政府管理。"2020 年 10 月中共中央、国务院印发的《深化新时代教育评价改革总体方案》

提出要完善政府履行教育职责评价："对省级政府主要考核全面贯彻党的教育方针和党中央关于教育工作的决策部署、落实教育优先发展战略、解决人民群众普遍关心的教育突出问题等情况，既评估最终结果，也考核努力程度及进步发展。"

在乡村教师培养上，地方政府中的省、县两级政府是责任主体。从目前情况看，地方各级政府对于乡村教师培养根据本地实际情况大多出台了实施办法。那么，如何评价地方政府的乡村教师培养工作？除前文言及的政策评价等内容外，重点要在"城乡一体化""自我评价机制"上进行考核。

一、关于"城乡一体化"

城乡一体化的思想产生于我国改革开放后。20 世纪 80 年代末期，由于历史原因，城乡之间隔离发展，各种社会矛盾涌现，城乡一体化问题广受重视。"城乡教育一体化"受其影响也得到人们的认可。城乡教育一体化就是指统筹城乡教育发展，整合城乡教育资源，打破城乡二元经济结构和社会结构的束缚，构建动态均衡、双向联通、良性互动的教育体系和机制，促进城乡教育资源充分共享、优势互补，推动城乡教育互哺互促，缩小城乡教育差距，有效消除地域、经济等原因导致的教育不均衡问题。城乡教育一体化不仅蕴含着城乡教育均衡发展的理想和目标，还体现着城乡教育交流、共生和发展的基本要求。

对于义务教育优质均衡发展、城乡教育一体化，党和国家有明确的要求。

（一）明确了目标和要求

1. 明确了目标。即提高农村学校办学水平，全面提高义务教育质量。2012 年 9 月，《国务院关于深入推进义务教育均衡发展的意见》要求："深入推进义务教育均衡发展，着力提升农村学校和薄弱学校办学水平，全面提高义务教育质量。""加快缩小城乡差距，努力缩小区域差距。""统筹考虑城乡经济社会发展状况和人民群众的教育需求，以促进公平和提高质量为导向，加大投入力度，完善保障内容，提高保障水平。""推进城乡义务教育一体化发展，主要目标是推动县域内城乡义务教育学校建设标准统一、教师编制标准统一、生均公用经费基准定额标准统一、基本装备配置标准统一和'两免一补'政策城乡全覆盖，基本消除城乡二元结构壁垒，基本实现县域义务教育均衡发展和城乡基本公共教育服务均等化，义务教育普及水平进一步巩固提高，乡村教育质量明显提升，教育脱贫任务全面完成。"[①]

2. 明确了要求。要完善义务教育均衡优质发展的体制机制。2017 年 9 月，中共中央办公厅、国务院办公厅印发《关于深化教育体制机制改革的意见》，提出要完善义务教育均衡优质发展的体制机制。"要着力解决义务教育城乡发展不协调问题。统一城乡学校建设标准、城乡教师编制标准、城乡义务教育学校生均公用经费基准定额，加快建立义务教育学校国家基本装备标准。实施消除大班额计划。切实改变农村和贫困地区教育薄弱面貌，着力提升乡村教育质量"。

3. 明确了工作重点。党的十九大报告提出，要"推动城乡义务教育一体化发展，高度重视农村义务教育，办好学前教育、特殊教育和网络教育，普及高中阶段教育，努力让每个孩子都能享有公平而有质量的教育"。

---

① 陈宝生. 国务院关于推动城乡义务教育一体化发展　提高农村义务教育水平工作情况的报告 [EB/OL]. (2018 - 08 - 28) [2020 - 03 - 10]. ht-tp://www.moe.gov.cn/jyb_xwfb/moe_176/201808/t20180828_346404.html.

(二) 明确了主体责任

《乡村教师支持计划（2015—2020 年)》明确："地方各级人民政府是实施乡村教师支持计划的责任主体。"《国务院关于统筹推进县域内城乡义务教育一体化改革发展的若干意见》在统筹推进县域内城乡义务教育一体化改革发展上指出"各地要加强省级政府统筹""各级教育部门要加强同有关部门的协调沟通"。这就要求各地政府应统筹制定城乡义务教育一体化发展规划和地方经济社会发展规划，结合区域城乡经济社会发展实际，科学研究与预测当地人口变化、教育资源现状和需求趋势，全面组织、协调发改、教育、自然资源、住建、财政、人社、编制等部门，要共同发力，统筹推进城乡义务教育一体化发展的实施与落地。

城乡义务教育一体化发展离不开城乡教师队伍建设的一体化作为重要支撑。"大力推进教师'县管校聘'改革，由地市级政府相关部门建立'教师蓄水池''周转池'，统筹所辖各县（区）域内中小幼教师资源。出台实施国家艰苦边远地区乡村教师岗位特殊津贴制度，使乡村教师工资性收入在现有基础上实现基本翻番"[1]。

根据《国务院关于统筹推进县域内城乡义务教育一体化改革发展的若干意见》（国发〔2016〕40 号）要求，教育部、中央编办、国家发展和改革委员会、财政部、人力资源和社会保障部、自然资源部、住房和城乡建设部等部门主动把统筹推进县域内城乡义务教育一体化改革发展作为实现教育现代化、全面建成小康社会、实施乡村振兴战略、打赢脱贫攻坚战的重大政治任务，担

---

① 焦以璇,柴葳.庞丽娟代表:促进城乡教师队伍建设一体化［EB/OL］.（2020－05－24）［2020－05－29］.http://www.jyb.cn/rmtzcg/xwy/wzxw/202005/t20200524_330062.html.

负起指导、规划的责任。

二、关于"自我评价机制"

自我评价（self-evaluation）是主体对自己思想、愿望、行为和个性特点的判断和评价，一般是指个人通过自我评价完善自我。对于一级政府或组织，自我评价不仅可以完善实现组织功能，也将影响他人评价的实施。

国务院办公厅印发的《对省级人民政府履行教育职责的评价办法》第八条规定："省级人民政府按照通知要求，对上一年度履行教育职责情况进行自查自评，形成自评报告。"第十五条规定："省级人民政府应依据本办法，结合本行政区域实际制定具体实施方案，开展对本行政区域内各级政府履行教育职责的评价工作。"《国务院关于统筹推进县域内城乡义务教育一体化改革发展的若干意见》指出："各地要深化义务教育治理结构改革，完善县域内城乡义务教育一体化改革发展监测评估标准和督导评估机制，切实提高政府教育治理能力。"以上两个文件明确要求地方政府对履行教育职责情况进行自我评价。不仅如此，国家对地方政府进行评价的内容及要求也做了规定。《国务院关于深入推进义务教育均衡发展的意见》指出："将县域公众满意度作为督导评估的重要内容。省级政府要根据国家制定的县域义务教育均衡发展督导评估办法，结合本地实际，制定本省（区、市）具体实施办法和评估标准。省级政府教育督导机构负责对所辖县级单位基本实现义务教育均衡发展情况进行督导评估。"国务院教育督导委员会办公室关于印发《〈对省级人民政府履行教育职责的评价办法〉实施细则》的通知，在《对省级人民政府履行教育职责评价的测评体系》中，将"推进义务教育优质均衡发展的情况""城乡义务教育一体化发展情况"作为测评点，同时，要考察"三个优先"（发展规划、财政投入、公共资源）落实情况。

但是，由于受评价理论、评价制度、价值观念等因素的影响，地方政府在乡村教师培养工作绩效评价上还存在一些不足。因此，地方政府应该积极主动，按照国务院、教育部有关评价标准、程序，及时开展自我评价，拓展评价内容，创新评价方法，并及时反馈调控，不断改进。

第二章　大中专院校

目前，我国已形成以师范院校为主体、其他学校共同参与、培养培训相衔接的教师教育体系。在乡村教师培养体系中，其责任主体主要有：综合性大学、部属师范大学、地方综合性院校、地方师范院校（包括师范专科学校和中等师范学校）。其中，师范院校无疑是乡村教师培养的重要主体。本章分师范院校和综合性院校探讨二者作为乡村教师职前培养、职后培训的主要机构，应当如何履行职责、评价绩效。

第一节　师范院校

1999 年 3 月 16 日，教育部《关于印发〈关于师范院校布局结构调整的几点意见〉的通知》（教师〔1999〕1 号）提出，要"由三级师范（高师本科、高师专科、中等师范）向二级师范（高师本科、高师专科）过渡"。目前，我国教师培养已经基本完成调整过渡，并有加快向一级师范过渡的发展趋势。乡村教师的来源既有普通师范专业毕业生，又有公费定向的师范生。其中，乡村学前教育、义务教育教师补充分别以地方师范院校专科、本科公费师范生为主，乡村普通高中教育教师补充以本科师范院校毕业生（其中师范大学主要是公费师范生）为主。

那么，作为乡村教师培养工作评价的对象，师范院校在乡村教师培养培训中的目标是什么？定位是否准确？培养培训模式如何？培养培训过程怎样？培养培训效果怎么样？这些是乡村教师培养工作绩效评价所关注的重要内容。

一、评价的基本依据

（一）基于办学职能

早在20世纪末，《国家教育委员会关于师范教育改革和发展的若干意见》就师范教育改革和发展指出，要"坚定不移地为中小学教育服务，主动适应中小学教育改革和发展的需要，主动适应社会主义现代化建设的需要"，"培养培训教师的数量和质量满足中小学教育发展的需要"。2012年，《教育部　国家发展改革委　财政部关于深化教师教育改革的意见》（教师〔2012〕13号）指出，要"深化教师教育改革，推进教师教育内涵式发展，全面提高教师教育质量，培养造就高素质专业化教师队伍"。2018年2月11日，教育部、国家发展改革委、财政部、人力资源和社会保障部、中央编办等五部门印发的《教师教育振兴行动计划（2018—2022年）》指出，要"为乡村小学培养补充全科教师，为乡村初中培养补充'一专多能'教师，优先满足老少边穷岛等边远贫困地区教师补充需要"，"推进本土化培养，面向师资补充困难地区逐步扩大乡村教师公费定向培养规模，为乡村学校培养'下得去、留得住、教得好、有发展'的合格教师"。2020年10月中共中央、国务院印发的《深化新时代教育评价改革总体方案》指出："改进师范院校评价，把办好师范教育作为第一职责，将培养合格教师作为主要考核指标。"

这些文件明确了师范院校在人才培养和社会服务上的重要职能。评价师范院校在乡村教师培养工作的绩效，就要关注其尽职情况，评价其服务面向定位与服务效果的符合度，评价其对乡村教育的贡献率。

（二）基于政策指引

这里讲的政策是指评价的依据标准、理念和办法。除党和政府对教师教育的宏观政策外，其中有关教师教育的标准主要有：2018 年教育部发布的《普通高等学校本科专业类教学质量国家标准》、2017 年教育部发布的《普通高等学校师范类专业认证实施办法（暂行）》、2012 年教育部印发的《幼儿园教师专业标准（试行）》《小学教师专业标准（试行）》和《中学教师专业标准（试行）》。根据这些政策，评价师范院校培养乡村教师成效，在人才培养设计和培养过程中，看其是否坚持"国家标准"，在人才培养质量达成度评价上看其是否以"学生中心、产出导向、持续改进"为基本理念。

（三）基于发展要求

关于师范院校的发展，国家有总体要求，各校也有各自发展目标和规划。2017 年 1 月 15 日，时任教育部教师工作司司长王定华表示，"十三五"期间我国 181 所师范院校一律不更名、不脱帽，聚焦教师培养主业，改进教师培养机制、模式和课程，加强教师教育体系建设。因此，无论师范院校走向何处、怎么发展，都应坚守"师范"属性，都应服务基础教育师资培养。曾任首都师范大学党委书记、清华大学副校长的谢维和教授在谈到师范院校改革与发展的三重目标时说："如何加强教师培养模式的改革，继续保持和发展师范院校在教师培养上的优势和特色，是摆在师范院校面前的一个重要而紧迫的任务。"①

因此，在评价师范院校在乡村教师培养上，要考察其发展定位是否坚守"师范"属性，考察其教师教育特色是否鲜明，考察其发展是否与乡村教育、乡村教师培养紧密相连。

二、评价的主要内容

（一）专业与课程特色

一是考察专业设置情况。中华人民共和国成立初期，我国吸收清朝的《奏定优级师范学堂章程》、民国的《师范学院规程》和苏联的经验，颁布了《关于高等师范学校暂行规定（草案）》《关于高等师范学校的规定》，体现了"根据中等学校教学计划"来设置专业（科目）的基本原则。2012 年，《教育部关于印发〈普通高等学校本科专业目录（2012 年）〉〈普通高等学校本科专业设置管理规定〉等文件的通知》（教高〔2012〕9 号）要求"高校设置和调整专业，应主动适应国家和区域经济社会发展需要"，"促进高等教育与经济社会的紧密结合"。这表明，专业设置要坚持以社会为本位的价值观，坚持适应地方经济社会发展需要的适应性原则。从目前我国师范院校师范专业设置情况看，基本上也是针对基础教育学校教学科目来设置专业。当然，有的师范院校师范专业还不齐全，未健全和完善师范教育专业体系，尤其是未针对地方基础教育特殊需要设置专业。就"教育学门类"而言，科学教育、人文教育、艺术教育、教育康复学、卫生教育、特殊教育设置较少。

---

① 谢维和.论师范院校改革与发展的三重目标[J].中国高等教育，2003(8):14.

　　二是考察课程教学情况。课程是专业的细胞，专业教育通过课程来实现。这就要求师范院校充分认识课程改革在教师教育人才培养中的重要地位，通过课程的整合、重组，不断深化教学内容改革，建立与基础教育、乡村教育发展相适应的课程体系。师范院校在人才培养上，要特别处理好几种关系，如：师范生知识能力素质培养与乡土情怀的养成、基础教育的普适性与乡村教育的特殊性等。因此，在考察课程教学时，要重点关注在人才培养目标上是否存在城市化、功利化现象，是否充分考虑了城乡教育一体化统筹和师范生服务乡村教育的特殊性，是否重视教师专业化培养，是否强调乡村教育情怀的培养，是否具有地方特色，等等。

（二）培养模式

1. 是否实行共同培养

　　2012 年 9 月 6 日，《教育部　国家发展改革委　财政部关于深化教师教育改革的意见》（教师〔2012〕13 号）要求："推进教师培养模式改革，建立高等学校与地方政府、中小学（幼儿园、中等职业学校）联合培养教师的新机制。"2018 年 1 月，《中共中央　国务院关于全面深化新时代教师队伍建设改革的意见》指出，要"实施教师教育振兴行动计划，建立以师范院校为主体、高水平非师范院校参与的中国特色师范教育体系，推进地方政府、高等学校、中小学'三位一体'协同育人"。这就要求建立乡村教师培养共同体。所谓乡村教师培养共同体，是指由有职责或关注乡村教育的个体或组织，在沟通协商的基础上所形成的深度合作的团体。这一共同体的基本特点就是体现出价值理念、精神志趣的共同，行动实践的协作，目标追求的一致。这就要求从理念上共同促进乡村教师教育发展，从定位上共同构筑地方师范院校教师教育的全科定性、乡村定向的格局，从制度上共同重建乡村教师教育的治理结构，"形成'学科教育＋教师教育＋恋乡教育'融合的人才培养模式"，"实现'专业化教师＋乡村教育情怀'的人才培养目标"①。

因此，在考察乡村教师培养工作时，要考察地方政府在"统筹规划、协调指导、积极支持"等方面的情况，考察师范院校贯彻政策、对接乡村教育情况，考察乡村中小学在送培教师、指导师范生教育实习中的情况，考察高校与中小学在教师教育课程教学中的合作情况，考察各方在师范生到乡村学校就业及其专业发展中的协作情况。

2. 是否采取多种模式

在新型城镇化背景下，乡村学校出现"小规模"发展态势。乡村学校一些学科缺乏专业教师。面对乡村教育、乡村教师队伍发展的需要，师范院校要以需求为导向，更新乡村教师培养观念，改革创新人才培养模式。

因此，在考察乡村教师培养模式时，要看是否按政策要求因地制宜采取定向招生、定向培养、定期服务等方式，为乡村学校及教学点培养"一专多能"的复合型教师；是否为了乡村小规模学校、老少边穷地区培养"全科教师"；是否实现了职前培养与职后培训相衔接；是否适应教学方式和学习方式的变化，采取了置换研修、集中培训、校本研修、远程培训等多种有效途径，增强了培训的针对性和实效性；是否注重推动信息技术与教师培训深度融合，建立教师网络研修社区，促进教师自主学习；是否采取措施支持乡村教师海外研修。

---

① 于海洪,王殿东.大数据时代地方师范院校培养乡村教师的供给侧改革[J].大学教育科学,2017(2):62－67.

（三）就业面向及质量

首先，考察师范院校对师范生就业的面向定位。

政府对各级、各类师范院校培养什么层级、类型的师资有原则上的要求。比如湖南省在《湖南省教师队伍建设规划（2010—2020年）》中规定："普通高中教师的培养以湖南师范大学为主；初中教师的培养以衡阳师范学院为主；小学教师的培养以湖南省第一师范学院为主，吉首大学师范学院和具有小学教师培养办学资格的基地（限为本地农村定向培养五年制专科层次小学教师）承担适当培养任务；幼儿教师的培养以长沙师范专科学校为主，具有培养资格的中等师范学校为所在地区承担一定的中专层次幼儿教师培养任务。"师范院校依据国家要求和社会（中小学、幼儿园、职业学校、特殊学校等）需求也有较明确的服务面向（市场定位）。粗略了解师范院校的学校章程或发展规划，可以发现，大多数地方师范院校提出为基础教育培养合格的或优秀的或卓越的师资，很少有师范院校提出为乡村教育事业培养教师。有的地方师范院校虽然提出主要面向农村培养教师，但服务面向定位与实际就业存在偏差。这需要考察情况和分析原因。

其次，考察师范生就业的质量。

就业质量的好坏不仅是就业率的高低，而且要看专业与职业的吻合度、就业面向定位与就业区域或行业或岗位的吻合度。从目前实际情况看，地方师范院校师范生在教育行业就业的比例并不高，大多数未达到80%。"下沉"到乡村学校的优秀师范生人数更少。其原因是多方面的：

从政府层面看，政府关于师范毕业生就业的政策还需要不断完善，师范毕业生与中小学间的沟通桥梁架构不够或不通畅；师资管理体制（人事制度、保障制度和福利制度）尚需进一步改善；乡村教育需求与师范生就业的结构性矛盾未得到充分解决。

从师范院校层面看，一是对师范生进行专业思想，包括教师职业意识、职业认同教育、服务基层等方面的教育不够。二是"乡村取向"客观上被忽略。"近些年来，很多师范院校在办学上'去师化'，在培养程序上'无农化'，结果不但没达到提高学校综合实力和毕业生就业竞争力的目的，反而造成培养人才与社会需求错位，加剧了乡村教师供需结构性矛盾，不能满足当下乡村教师队伍建设需求"①。如果师范院校不能优化生源培养路径、重视"一专多能"的全科教师培养、建构乡村教师教育特色课程体系、增强学生就业竞争力，那么，师范生就业质量很难保证。

从师范生个体看，就业观念需要更新。一是期望值过高。较多师范类毕业生期盼在大城市或发达地区就业，追求高工资、高福利和有发展空间的岗位。二是"慢就业"和"一步到位"思想严重。有的毕业生甚至宁愿待业，也不想到基层更不愿到边远乡村就业，错失很多就业机会。如果没有树立"先就业，再择业"的就业观念，主动适应社会需求，缩短个人期望与就业现实之间的差距，师范生就很难就业，要保障师范生"下得去、留得住"乡村，也将成为一句空话。

因此，评价师范院校师范生就业情况，要坚持目的性原则（方向性原则），充分发挥评估的诊断功能、导向功能和推动功能，考察师范院校的办学方向。要组成由教育主管部门、高校、毕业生和用人单位共同参与、各司其职、互相合作、互相监督的评价共同体，并要求各评价主体整合资源，针对各方实际需求，科学合理地评价，增强就业质量评价结果的科学性和有效性，为

---

① 张宏.如何提高乡村教师培养质量[N].中国教育报,2020 - 05 - 14 (11).

各方工作和决策提供依据。

第二节 综合性院校

20 世纪末，我国开启了传统师范教育向现代教师教育的转型。这次转型有一项新的举措，就是鼓励高水平综合性大学参与教师培养。1999 年颁布的《中共中央国务院关于深化教育改革，全面推进素质教育的决定》提出："调整师范学校的层次和布局，鼓励综合性高等学校和非师范类高等学校参与培养、培训中小学教师的工作，探索在有条件的综合性高等学校中试办师范学院。"顾明远教授在论及师范院校转型时说："师范院校不是永恒的，但教师教育是永恒的。"① 一些综合性大学在政策的指引下也投身了教师教育。

目前，承担中小学师资培养的综合性院校中，既有"985"高校，也有地方一般综合性大学或学院。

那么，作为教师培养主体之一，综合性院校在乡村教师培养工作的情况如何、效果如何，是乡村教师培养工作绩效评价的重要内容。

对综合性院校培养教师工作的考核，既有一般性，也有特殊性。一般性是指作为教师培养单位在教师培养工作上的基本特性。特殊性是指它在教师培养上不同于师范院校的个性和特点。对于其一般性（共性）的考察，在前一节已经涉及，本节主要从特殊性方面考察综合性院校在乡村教师培养方面应有的特殊情况（体

---

① 顾明远.教育:传统与变革[M].北京:人民教育出版社,2004:86.

系、模式）及培养效果。

一、培养工作

综合性院校在教师培养上既有优势，也有劣势。河南师范大学党委书记赵国祥对高水平非师范院校在培养教师方面的优势、劣势做了客观的评价："高水平非师范院校参与举办教师教育不仅可以增加优质教师教育的供给量，还可能通过引入外部竞争，形成鲇鱼效应，以增进整个师范教育体系的办学活力。"但是存在一些问题，"一是高水平非师范院校教师教育参与度不够高"，"二是部属师范大学教师教育辐射面不够广"。①

一些综合性院校担心"谁办师范谁就掉价"、师范教育被"边缘化"，对举办师范教育缺少热情。据 2019 年的统计，在全国42 所"世界一流大学"建设高校中，有 2 所师范大学和 3 所综合性院校承担着本科师范生培养。95 所"世界一流学科"建设高校中，有 8 所师范大学和 12 所综合性院校承担着本科师范生的培养。75 所教育部直属高校中，除了 6 所部属师范大学，有 3 所综合性大学承担着本科师范生的培养工作。这些数据表明，承担基础教育教师培养的高水平大学的数量并不多。

不仅如此，有些综合性院校并没有充分利用综合性大学的优势发展教师教育，在实施师范教育的过程中，在处理综合性与学术性关系上有些纠结。因此，考察综合性院校培养基础教育教师，要重点考察如下几个方面的内容：

---

① 赵国祥. 造就大国良师 教师教育要解决哪些问题[EB/OL]. (2018 – 04 – 26)[2020 – 03 – 06]. http://www. moe. gov. cn/s78/A10/moe_1801/ztzl_jsjyzx/zjwz/201804/t20180426_334346. html.

（一）是否注重综合性与师范性的统一

如何处理"学术性""综合性"与"师范性"的关系，这一问题在师范院校和承担教师培养的综合性院校中时有争论。事实表明，教师教育事业的发展需要促进学术性和师范性相统一，需要在强化师范性的基础上坚持与学术性相统一。培养优质教师或卓越教师，既要强调教师的学科专业能力，也要重视教师技能的培养。否则，"一专多能""复合型"人才培养就将成为空话。但是，有的综合性院校在教师教育实践中，在两者关系的处理上存在一些问题，体现在教师培养理念、课程设置、实践环节等方面。

因此，评价考察综合性院校培养乡村教师工作，要考察其教学理念是否存在重学术研究、轻人才培养的问题；课程设置是否存突出"博"而忽视"专"的问题。

（二）是否有适合自身特点的培养模式

国际上综合性大学培养师资基本是开放式的课程模式，在学科与专业设置、课程与教学安排等方面体现师范性和学术性的通联与融合。当前发达国家教师教育模式主要是"大学＋师范"，即在大学的学术层次和氛围中打造未来教师的学术视野和较强的学科发展能力。

我国目前综合性院校在培养师资时的主要模式有"3＋1"模式和"2＋2"模式。其目的在于根据大学四年学制的规定，既要保证学生专业学术水准，又要较好地兼顾师范性。所谓"3＋1"模式，就是学生用3年时间修完本专业课程，再受1年教育专业训练，获得教育学士学位，取得教师资格（主要是小学教师资格）。所谓"2＋2"模式，就是在前两年集中进行通识教育和学科基础教育，后两年进行师范专业和非师范专业的分流，选择师范专业的学生在后两年将进行学科专业教育和初任教师教育的培训。

因此，在考察综合性院校教师教育培养模式时，要对"学科教育＋教育学科教育"的培养模式深入考察，尤其要考察在培养过程中是否通过融通中小学教育力量强化教育学科教育、强化教育教学技能培养，是否达到《普通本科专业质量标准》。

二、培养效果

一是考察服务面向定位与就业的符合度。从综合性院校培养基础教育师资数量看，培养计划远远高于在教育行业就业的人数。一些"985"高校或部属师范大学培养的免费（公费定向）师范生按政策要求基本上到了定向单位，但是其他普通本科毕业生并无多少去了乡村学校，考研深造的、在中心城市工作的占了大部分。可以说，高水平综合性大学对乡村教育的贡献极其有限。而原本就是师范院校或曾承担过中小学师资培养的地方综合性院校既有培养基础教育师资的热情，也承担了一定的培养任务，但师范生在乡村学校就业的也并不多。

二是考察人才质量和效果。从综合性院校培养的师资质量和社会反响看，要考察其师范毕业生与师范院校毕业生的差异，分析其中的质量差异。21世纪教育研究院副院长熊丙奇认为："目前，有综合性院校毕业生去中小学任教，学校普遍的评价是这些学生的整体素质不错，但要适应教学岗位的要求，需要一段'职业化'的过程。"①

---

① 熊丙奇.综合性大学设立师范专业值得探索［N］.中国科学报,2018 －02－06(5).

第三章 乡村学校

　　什么叫乡村学校？乡村学校这一概念与农村学校有相似之处也有差别。

　　1996 年 12 月 20 日，中华人民共和国建设部、中华人民共和国国家计划委员会、中华人民共和国国家教育委员会《关于批准发布〈农村普通中小学校建设标准（试行）〉的通知》第三条明确该标准"适用于县镇以下农村中小学校"。就是说，"农村学校"是指"县镇以下农村中小学校"。2008 年 9 月 3 日，住房和城乡建设部、国家发展和改革委员会《农村普通中小学校建设标准》第三条明确了该标准的适用范围："本建设标准适用于乡（镇）及以下农村普通中小学的新建、改建和扩建项目。"这里所称的"农村学校"又是指"乡（镇）及以下农村普通中小学"。

　　至 2011 年，教育部教育事业统计采用了国家统计局首次颁布的《统计用城乡划分代码》。新的城乡划分标准，将原来的城市、县镇、农村三个分类调整为三大类七小类，即城区（含主城区、城乡接合部）、镇区（含镇中心区、镇乡结合区、特殊区域）、乡村（含乡中心区、村庄）。依此划分，"乡村学校"应该是指乡中心区、村庄的学校。2015 年《乡村教师支持计划（2015—2020年)》采用了该划分标准，明确：乡村教师包括全国乡中心区、村庄学校教师。因此，"乡村学校"不仅只有乡（镇）及以下普通中小学，应该包括区域内的幼儿园、特殊学校、职业学校等教育机构。

　　弄懂乡村学校这一概念，有利于把握其功能及其社会作用，从而明确乡村学校在乡村教师培养方面评价的重点。

一、乡村学校的功能

从理论上讲，乡村学校的功能主要有两个方面：

（一）人才培养

乡村学校的人才培养功能是其主要的功能。乡村学校主要培养两个方面的人才。

1. 培养学生

乡村学校既培养中小学生，也培养学前教育幼儿、特殊教育学生、职业教育学生。对在校学生的培养是乡村学校的重要职能，也是乡村教育的重要部分。其中，义务教育是乡村学校承担的重要任务。目前我国有 3280 多万名乡村中小学生、290 多万名乡村教师。乡村学校理应根植于脚下这片热土，用知识点燃农家子弟的梦想，培养优质人才，为上一层次学校输送优质生源。另一方面，乡村学校要致力于乡村振兴，为乡村建设培养合格的人才，助力乡村建设和脱贫。对乡村来说，乡村学校既承载着传播知识的功能，更为乡村建设提供了人才支撑，在乡村振兴中发挥不可替代的基础性作用。乡村学校要对接和服务好乡村振兴战略，把它当作义不容辞的责任与担当，大力培养高素质的人才。如果不能为区域发展培养有用人才，就不能很好地助力乡村振兴，就不能很好地发挥人才培养的功能。

2. 培养教师

乡村学校人才培养不仅是培养学生，还必须履行培养在职乡村教师的职责。乡村学校不仅仅是接收外来的教师、安排教学任务，还应负责培训本校教师，提升其教育学水平，促进其专业发展。这就要求有计划送培在职教师，并且开展校本培训。如果乡村学校没有好老师，不能确保乡村学生一定的升学率，就会降低家长对学校的期望值；如果乡村学校没有培养好在职教师，乡村学校的发展、乡村教育的发展必将受到制约。

（二）社会服务

乡村学校为乡村社会服务是其应有的职责。在国家提出的乡村振兴战略中，要特别注重振兴乡村教育，要特别重视乡村学校在乡村振兴中的作用。

乡村学校不仅是乡村的教育机构，而且是先进文化传承的重要载体，其发展与改进是全社会的责任与义务。

乡村学校在为乡村服务上具有许多优势。乡村学校与村民、教师、学生之间的情感联系紧密，既是维系乡村场域的重要纽带，又拥有乡村生态中的多维角色，在乡村振兴战略中具有基础性、全局性战略地位。乡村学校除了为乡村社会提供智力支撑外，还具有繁荣乡村文化的服务功能。乡村学校自身是乡村文化中的重要组成部分。因为，乡村学校的文化符号、文化续构、文化引导等文化功能，又能增强人们对乡土的认同，所以乡村学校也是乡村文化的引领者。但是，随着工业化、城镇化的发展，乡村人口大量迁移入城，乡村学校自身文化功能萎缩，社会服务能力还不强，"文化教育中心"地位有所下降，逐渐丧失了乡村文化高地的地位，有的甚至成了乡村的"孤岛"。"被孤立的恐怕不仅仅是校园里的几个教师，而是农村社会在发展致富过程中对传统知识、乡村文明的漠视"①。

综上所述，乡村学校既要做好人才培养、控辍保学，成为乡

---

① 马富春,张鹏.乡村学校为何沦为乡村社会的"孤岛"[N].中国青年报,2014 – 07 – 22(03).

村文明的传承者，又要满足乡村社会的一些需求，成为乡村重要的生态要素，在乡村振兴中有所作为。

二、乡村学校的评价重点

乡村学校是乡村教师培养工作的主体（对象）之一。对乡村学校的评价重点是评价学校在加强在职教师职业发展中的作为及效果。

（一）教师培训规划与成效

2016 年 1 月，教育部办公厅研究制定并印发了一系列乡村教师培训指南，旨在推动各地变革乡村教师培训模式，提升乡村教师培训实效，此后，教育部又发布相关文件，就教师培训、乡村教师培训明确了要求。最近有关教师培训的政策文件有 2010 年 3 月教育部教师工作司印发的《教师培训者团队研修指南》等 11 个文件，专门涉及乡村学校的有《乡村幼儿园教师保教能力提升培训项目实施指南》《乡村幼儿园园长办园能力提升培训项目实施指南》。

这就要求乡村学校必须制定本校教师在职培训规划或计划，分期分批有重点地组织开展培训，按"国培""省培"相关要求和本校实际开展受培、送培等培训。因此，在考察乡村学校教师培训中，要重点考察的内容有：一是看是否按教育部印发的《关于大力推行中小学教师培训学分管理的指导意见》（教师〔2016〕12 号）确保了培训学分；二是看是否依据《送教下乡培训指南》接受培训；三是看是否依据《乡村教师网络研修与校本研修整合培训指南》《乡村教师工作坊研修指南》《乡村教师培训团队置换脱产研修指南》等文件要求组织培训；四是看培训取得什么成效。

（二）校本培训及成效

早在 1999 年教育部《关于实施"中小学教师继续教育工程"的意见》中就提出："中小学是教师继续教育的重要基地……各中小学都要制定本校教师培训计划，建立教师培训档案，组织多种形式的校本培训。"这里明确提出了"校本培训"的概念。所谓校本培训，就是以学校为单位，由中小学校长组织领导，组织教师在职自主学习，以学校的需求和教学方针为中心，提高教师的业务水平和教育教学能力，促进教师专业发展和职业修养的教师在职培训形式。

对校本培训的考察要把握几个重点：一是看校本培训的理念是否清晰和先进；二是看是否立足于工作岗位开展校本培训，即培训的针对性是否强；三是看校本培训是否将教师发展与学校发展相统一；四是看培训方式是否多样；五是看培训取得什么成效。

（三）其他保障条件及成效

乡村学校除重点抓好在校教师培训外，还要注重改善教师工作条件，营造良好的工作环境，为教师专业发展和职业价值的提升和体现提供必要的支持。比如：是否按要求落实教师津贴补助，是否改善教师教学条件，是否搭建学校与乡村或社区互动的桥梁，是否营造教师生存的文化环境，是否提供教师融入乡土、贡献于乡村振兴的机会与条件，等等。

第四章　乡村教师

　　乡村教师是乡村教育的灵魂，是乡村教育的支撑者和保障者。没有乡村教师的坚守和素质的不断提升，乡村教育振兴就难以实现。因此，必须把乡村教师队伍建设摆在优先发展的战略地位。"着力建设素质过硬的乡村教师队伍，加大对乡村教师队伍建设的倾斜和支持力度，是振兴乡村教育、服务乡村振兴的重中之重。振兴乡村教育，290多万乡村教师是力量所在、希望所在"①。

　　在评价乡村教师培养工作绩效中，以往更多的是考核教师培养的效果，即教师有了什么提高和发展，只是将"教师"作为衡量效果的一项指标。其实，教师既是教师培养工作效果评价的观测对象，也应作为培养主体被评价。因此，对乡村教师在整个乡村教师培养工作的评价，要突出考核如下三个方面：

一、主体意识

　　主体意识，指主体人在与外部事物交互作用的过程中所产生的对自身行为观念的认知、评价、体验和调节的机能和属性。它是人对于自身的主体地位、主体能力和主体价值的一种自觉意识，是人之所以具有主观能动性的重要根据。乡村教师的主体意识表现在对自身职业身份、岗位属性、行为价值的认识，主要以参与意识、责任意识为表征。

---

　　① 钟焦平.乡村振兴必先振兴乡村教育[N].中国教育报,2019 – 03 – 11(2).

在一系列支持乡村教育和乡村教师队伍建设的政策影响下，乡村教师能从中感受到自身的价值。但是，乡村教师的存在感和成就感要大大弱于城市教师，他们感到被"边缘化"，主体作用没有很好地发挥。只有大大改变、改善制度设计，唤醒乡村教师的主体意识，才能促进乡村教育的发展。乡村教师主体意识缺失的原因是多方面的。城镇化的加速、乡土文化遭受挤压、乡村教育的萎缩等，是宏观层面的原因。具体讲，主要有：

（一）评价标准的不当

目前，对乡村教师的评价标准与城市教师的评价标准一样，使得以城市为中心的学校文化对教师的专业考评也是以城市为中心。在乡村教师专业发展过程中，常常将乡村教师的专业发展引入追赶城市教师专业化发展的"单行道"，乡村教师被迫听从于那些来自城市、不太了解乡村的人士对自身的教育行为进行"批判"和"指导"。"在专业发展方式上，多以外部输送为主，缺少围绕乡村教师的专业建构，其实质是对乡村教师主体的忽视。乡村教师在自身专业发展过程中被剥夺了话语权和选择权，成了名副其实的'他者'"①。这样促使了乡村教师主体性逐渐缺失。其实，乡村教师是专业发展的主体，要在政策的指引下，融合乡村教育发展的要求，不断增强自身的专业发展主体意识，成为自己专业发展的主导人。

（二）平等对话机制未形成

以乡村教师为核心的乡村教育各主体平等对话机制未形成的原因主要有两方面：一方面，随着教育体制改革的深化，乡村教

---

① 朱胜晖，孙晋璇.乡土文化转型与乡村教师专业发展[J].当代教育科学，2018(8)：80.

育的控制与管理权变乡村社会管理为国家管理，乡村教师对乡村社会的发展缺乏应有的兴趣，对乡村教育缺乏应有的热情，大多选择设法逃离乡村。另一方面，乡村社会对经济利益、教育价值的认识出现偏差，教师似乎不再是乡村社会中"尊者"，"乡村教师与学生、同伴、家长、研究者以及学校管理者这些教育主体之间的对话逐渐失落"①。这需要构建多元对话的平台才能使乡村教育回归教育本真，切实提高乡村教育质量。

因此，强化乡村教师的主体意识，既要从宏观策略上引导和激励，即引导乡村教师克服对乡土文化的逃离意识，树立乡村教育主人翁的意识，确立在乡村文化、乡村教育中的自我存在感，又要通过具体措施培养和激发，即"通过充分挖掘中小学教师自主开发培训课程资源的能力来培养主体意识""在教育科研中通过立足'草根化'研究来激发中小学教师的主体意识""师训中推行中小学教师以自主评价为主的评价机制以维持其主体意识"②，同时，通过体制机制的转变提升乡村教师自身的身份认同和价值认可，增强乡村教师的主体意识。

二、发展措施

作为乡村教育的支撑者，乡村教师一要有"乡土情怀"，二要有"现代意识"。乡村教师要成为乡村学校的脊梁、农家孩子的圆梦人，需要自我不断发展。

乡村教师对自我发展措施的选择，体现了乡村教师专业发展

---

① 朱许强.乡村教师主体性对话的失落与回归[J].教师教育论坛，2019,32(8):28.

② 董岩芳.浅谈中小学教师专业发展的主体意识[J].当代教育论坛（宏观教育研究），2008(06):49.

的理念，也必将体现出发展的成效。可供乡村教师专业发展的指导理念、选择的路径和措施很多，概括起来主要有三个方面：

（一）基于技术理性

德国哲学家、社会学家哈贝马斯（Jürgen Habermas）在《交往行为理论》中提出"技术理性"。他认为，技术规则是作为一种目的理性的（或工具的和战略的）活动系统。技术理性的观念就是要求教师熟练掌握教学技能、教学理论，最突出的就是"教师本位观"。教师本位观是指在促进教师专业发展的活动中，尊重教师的自主意志、尊重教师的感受、尊重教师的需要、关切教师的情绪发展与需要、积极聆听并支持教师的心声、迎合教师的期望，以便持续促进教师的专业发展。因此，乡村教师一方面自我学习理论，锻炼、磨炼教学技能，提升自我教育教学的素养和技能，一方面向他人学习、与同行交流，发现自身不足，学习他人优点，从而达到提高自己的目的。

（二）基于行动研究

由勒温① 1946 年正式定名的行动研究，是指以某些行动对组织系统的影响为主要对象的研究活动，包括诊断性研究、参与性研究与实验性研究三种方式。这一理念强调实践，即通过经验总结和自我反思获得专业成长。乡村教师在自我发展中，要树立"教师即研究者"的理念，积极主动地参与教学目的与教学内容的设计，扩大教师的自主权，而且在教育实践中提倡反思，提倡理论研究与校本研究，推动自我反思，提升实践智慧，成为教育

---

① 库尔特·勒温（Kurt Lewin，1890—1947），德裔美国心理学家，拓扑心理学的创始人，实验社会心理学的先驱，格式塔心理学的后期代表人，传播学的奠基人之一。

教学的研究者、专业发展的行动者。

（三）基于教育与生命

人本主义心理学的创始人马斯洛，倡导积极心理学运动，关注人的心理健康、幸福感和自我实现等问题。教师是教育事业和人类精神生命的重要创造者。"教育与生命"的理念要求教师在教育实践中不仅要强化技术层面的训练，更要切入生命层面，包括科学与人文的生命、教育者的生命和受教育者的生命。它强调教师作为人的精神生命，关注自我的幸福体验，关注自我的生命质量，关注自我生命价值的实现，让自我在施行教育的过程中享有完整的、发展的、愉悦的精神体验。乡村教师只有充分认识自身职业的本质是创造人的精神生命，才能激发教师职业的活力，主动选择专业发展的有效办法，并能在乡村教育中实现生命价值与人生意义。

三、协作表现

乡村教师在乡村教师培养工作上，不是被动的，而是主动的。乡村教师要参与培养共同体，积极配合各培养主体共同协作，完成同一目标，这就要求：

在与政府的协作上，要及时学习政策，深刻理解政策内涵和要求，主动执行政策。乡村教师要充分利用好政府和学校提供的每一次机会，积极参与、认真学习，并将学到的知识用于乡村教育实践，不断深化学习成果。

在与高校培训协作上，要认真学习新的教育教学理论，更新教育教学观念，掌握现代教学手段和方法。比如，在对乡村幼儿教师的培训中，高校要重视和改进培训工作，加强与幼儿园的协作，"赋予教师体系建设的职能职责，提升教师主体意识，形成教师反哺体系机制"①。在职业教育教师培养中，要大力培养学生扎根乡村的角色意识，使之成为未来卓越乡村职教教师的不竭动力。同时，乡村教师也要联系自身教育教学实际，深刻反思，不断提升自身水平和能力。要有针对性地提出意见和建议，改进教师培训工作，增强培训的有效性。乡村教师要通过接受培训，在乡村学校成为一颗种子，产生辐射作用，实现同伴激励，进而促进整个乡村教师群体的专业发展。

在与本校协作上，乡村教师要积极主动争取培训机会，强化终身学习的意识，要积极参与校本研究和培训，与其他教师共同成长和进步。

综上所述，评价乡村教师在乡村教师培养工作方面的绩效，不仅仅是考察乡村教师发展成效，更重要的是关注乡村教师在培养工作中的作为，评价乡村教师作为工作主体的贡献。

本篇小结

关于乡村教师培养工作的评价对象，由于乡村教师培养工作的主体是多元的，而且评价主体与评价对象存在高度重合性，必须针对相关责任主体开展评价。其中，政府、高校、乡村学校和乡村教师是主要的对象。本书中特别将"乡村教师"作为评价对象，是因为乡村教师既是乡村教师培养工作效果评价的观测对象，也是培养工作的主体，理应作为评价对象，从而保证乡村教师培养工作评价的全面性和有效度。

---

① 张剑辉.教育生态学理念下建构县域乡村幼儿教师专业发展服务体系的实践探究:以贵州省榕江县"幼师国培"试点项目为例[J].教育理论与实践,2019(32):29.

第三篇 评价结构或维度

　　结构即组成整体的各部分的搭配和安排。在教育评价中，反映各方面因素所构成的集合或整体就是评价的结构。维度是一种方式、方法，或者视角，它将多种视角相结合，较完整地观察事物的整体。广义上讲，维度是指事物"有联系"的抽象概念的数量。在社会科学领域，把人们观察、思考与表述某事物的"思维角度"简称为"维度"。"维度"是人类对相关事物的"主观划分"，是存在于人类文化世界与心理世界的"事物属性与特性分类"。评价维度就是评价的视角，对评估事项进行有序解构，确定评价要素或指标，从而保证评价的系统性与条理性，增强评价的有效性。由于它基于事物的结构，评价维度有时又被称为评价结构。由于"结构"与"维度"在评价中的多种契合，本文侧重于以"维度"概述乡村教师培养工作的评价体系。

　　从教育评价理论出发，对乡村教师培养工作的评价要观照培养工作的整体和全局，既要关注起点、过程、终点，又要有综合思维和总结性判断。因此，在评价维度上，要突出配置性评价、强化形成性评价（过程评价）、探索增值性评价、健全综合性评价、改进总结性评价（结果评价）。

第一章 配置性评价

美国当代著名的教育学家和心理学家本杰明·布鲁姆（1913—1999），从教学结构入手将教学评价分为三类，其中就有配置性评定。所谓配置性评定，就是对为实现目标所提供了基础、条件等方面的准备情况进行科学性、有效性评价。开展配置性评价，要求针对配置的主体，把握配置性评价的依据，了解配置性评价涉及的因素，掌握配置性评价的标准。

考察乡村教师培养工作必须高度重视培养工作的配置性情况，要着重考察政府和学校（高校和乡村中小学）为培养工作所提供的配置情况。

第一节 政府配置

政府配置就是政府为公共事业提供的条件、资源等方面的配备、安排，一般通过公共政策来体现其计划、安排、调整。2017年1月，中共中央办公厅、国务院办公厅印发的《关于创新政府配置资源方式的指导意见》明确："政府配置的资源主要是政府代表国家和全民所拥有的自然资源、经济资源和社会事业资源等公共资源。"在乡村教师培养工作评价中，对政府的配置评价自然要与政府的绩效评价相结合。目前，对政府绩效的评价通常采取两种做法，一是对政府活动及其结果的评价，二是对政府能力的评估。其中，对政府活动及其结果的评价包括合规评估、效果评估、经济性评估、成本—效益评估、配置效率评估以及公平性评估。

政府对教育的配置包括很多方面，有物质资源配置、人力资源配置，但都体现在教育政策之中。因此，无论何种评价、如何评价，对政府教育履责的情况及绩效评价最集中的是其教育公共政策评价。

对于政府公共政策评价，有很多学者提出了富有价值的见解。美国学者卡尔·帕顿（Carl V. Patton）和大卫·萨维茨基（David S. Sawicki）在《政策分析和规划的初步方法》中概括了影响政策和规划设计的因素，即技术可行性、政治可行性、经济及财政可行性、行政可操作性四点。波伊斯特（T. H. Poister）在《公共项目分析：应用方法》中提出了七项政策评估标准：效能、效率、充分性、适当性、公平性、反应度和执行能力。美国教授威廉·N. 邓恩（William N. Dunn）在《公共政策分析导论》中提出"多元评估标准"，即效果、效率、充足性、公平性、回应性、适宜性六个维度。关于教育政策评价，一般认为，教育政策评价就是按照一定的教育价值准则，对教育政策对象及其环境的发展变化以及构成其发展变化的诸种因素所进行的价值判断，包括预案评价、执行评价、后果评价。"教育政策监测与评估涉及教育政策成本、教育政策需求与满意度、教育政策执行力、教育政策影响与结果的监测与评估"①。

根据公共管理评价及教育评价相关理论，对政府在教育方面的配置评价主要是教育政策评价，即针对教育政策为教育事业发

---

① 范国睿,孙翠香.教育政策执行监测与评估体系的构建[J].教育发展研究,2012(5):54.

展提供配置的价值性、适切性进行评价。

一、价值性评价

政策评价本身就是按照一定的价值准则，对政策对象及其环境的发展变化以及构成其发展变化的诸种因素所进行的价值判断。它强调政策评价的本质，即在事实判断的基础上所做出的"价值判断"。

价值评价是指人们在观念中把握事物价值的有无与大小的过程及结果，与一般认知过程不同，它要运用一定的价值标准去衡量价值有无与大小，因而价值评价的客观性基于政策的价值基础；价值评价的科学性取决于价值标准的科学性。教育政策的价值基础具有特定的内在逻辑结构，具有自身所赖以存在的本质机制（教育利益性机制）。

教育政策的价值性评价，就是评价必须"按照一定的价值准则"进行，评价政策是否优劣、质量是否高低。因此，价值性评价要确立两个基本维度，即价值观、效率观。

（一）价值取向

教育政策的价值基础是教育基本原则和价值理念。教育政策所涉及的各主体的利益是教育政策价值形成的客观依据。当代我国教育政策应以什么为价值取向？最为核心的可以说有三个，即"以人为本""公平正义""均衡发展"。

1. 以人为本

我国最早明确提出"以人为本"的是春秋时期齐国名相管仲。胡锦涛同志把"以人为本"作为科学发展观的核心。以人为本，不仅主张人是发展的根本目的，回答了为什么发展、发展"为了谁"的问题，而且主张人是发展的根本动力，回答了怎样发展、发展"依靠谁"的问题。在教育领域，"以人为本"的思想也得到推崇。英国教育理论家艾尔弗雷德·诺思·怀特海（Alfred North Whitehead），在1929年的代表作《教育的目的》中指出："教育的全部目的就是使人具有活跃的智慧。"① 即以学生为主体，以人的发展为旨归。以人为本位的教育价值观就是，培养社会所要求的尽可能完善的人是一切教育活动的中心。在教育、教学实践中，虽然政府、学校力图做到以人为本，但是，与人们的要求还有距离。这就要求教育政策的"以人为本"价值理念要始终立足于学生和教师的成长发展，满足人们对优质教育的需求。

2. 公平正义

胡锦涛同志2007年在《在全国优秀教师代表座谈会上的讲话》中，首次提出"要把促进教育公平作为国家基本教育政策"，不断满足人民日益增长的教育需求。2018年，习近平总书记在全国教育大会上的重要讲话指出，要"坚持以人民为中心发展教育"。教育公平正义是实现现代社会公平正义的核心，也是社会公平正义的重要基础与体现。这就要求不断促进教育发展成果更多、更公平惠及全体人民，以教育公平促进社会公平正义。中共中央办公厅、国务院办公厅《关于创新政府配置资源方式的指导意见》指出："对用于实施公共管理和提供公共服务目的的非经营性国有资产，坚持公平配置原则，积极引入竞争机制提高配置效率，提高基本公共服务的可及性、公平性。"就是说，对乡村教师培养工作的政策评价，要将公平正义作为重要的考察内容。因此，要特别注重保障全体公民特别是农村家庭、贫困家庭子女受教育权利和机会，解决教育投入不足、不平等，教育资源分布不均等

① 怀特海.教育的目的[M].徐汝舟，译.北京:生活·读书·新知三联书店,2002:66.

突出问题。

3. 均衡发展

均衡发展问题首先是针对义务教育提出来的。2005 年，教育部颁发了《教育部关于进一步推进义务教育均衡发展的若干意见》（教基〔2005〕9 号），提出要推进义务教育均衡发展。2012 年 9 月，《国务院关于深入推进义务教育均衡发展的意见》（国发〔2012〕48 号）指出，要"推进义务教育均衡发展，着力提升农村学校和薄弱学校办学水平，全面提高义务教育质量"。其基本思想是：总体规划，统筹城乡，因地制宜，分类指导，分步实施，切实缩小校际差距，加快缩小城乡差距，努力缩小区域差距，办好每一所学校，促进每一个学生健康成长。这就要求促进区域教育均衡发展，促进城乡教育均衡发展，促进校际教育均衡发展，促进群体间教育均衡发展，要大力改善教育投入机制、教育资源共享机制、教育动力机制。

4. 优先发展

党的十六大报告指出，教育是发展科学技术和培养人才的基础，在现代化建设中具有先导性、全局性作用，必须摆在优先发展的战略地位。党的十九大报告再次强调要优先发展教育事业。2018 年 9 月，中共中央、国务院印发《乡村振兴战略规划（2018—2022 年）》，提出要"优先发展农村教育事业""建好建强乡村教师队伍"。因此，在教育政策的评价中，要考察政策是否以新发展理念统筹各级各类教育事业发展，在经济社会发展规划上是否优先安排教育、财政资金投入上是否优先保障教育、公共资源配置上是否优先满足教育和人力资源开发需要。要把乡村教育优先发展问题作为评价教育政策的重要指标。

综上所述，由于政策自身要求"做到实然价值与应然价值的统一；要重视教育政策的隐性价值，做到显性价值与隐性价值的统一"①，因此，对教育政策价值性的评价，要从上述四个方面考察教育政策是否重视各利益相关者的利益，是否重视共同利益、长远利益、弱势利益和未得利益。

（二）预期效用

预期效用法是风险管理决策理论中使用的一种数学方法。预期效用理论（expected utility theory）就是对不确定条件下的理性行为的描述，在这一理论中，效用是决策者对不同结果的偏好的量化，是财富的函数。

对教育政策的预期效用评价，就是对教育政策方案所做的分析。它主要是对设计的教育政策方案进行的价值分析、可行性分析和后果预测分析。关于价值分析在前文已经论及。可行性分析就是对方案所提出的各项政策措施的具体条件进行分析，包括政策本身的可操作性及执行力；后果预测分析主要是对方案实施后出现的情况和实施后果（政策落实后的社会影响）进行预测，对可能付出的代价和可能获得的利益进行比较。

当然，对政策预期效用的评价要将价值分析、可行性分析和后果预测分析三者相结合。要提高教育政策的效用，必须重视教育各主体的参与，重视政策的协同性。对乡村教师培养政策的评价，要预判政策的价值度、可行性、目标达成度，"要从'历时协同''部门协同''措施协同'三个维度对乡村教师队伍建设政策协同性进行评价"②，从目标预期与目标达成关切度上考察该政策预期目标的实现程度。

---

① 祁型雨,李春光.我国教育政策价值的反思与前瞻[J].现代教育管理,2020(3):29.

② 李玲,李伟.乡村教师队伍建设政策协同性评价研究[J].南京师范大学学报(社会科学版),2020(1):45.

二、适切性评价

"适切性"是针对英文 Relevance 的翻译。有学者认为,适切性一般是指某事物与其所处环境中诸多因素的相关程度,通常表现为适当、恰当或适合需要等方面的特征。适切性评价,就是对方案或活动等事物匹配条件和满足需要程度的评价。"适切评价须遵循充分与必要统一、过程与结果统一、事实与价值统一及政策文本与现实需要统一四个原则,从政策合理性和合目的性出发,构建我国教育政策评价指标体系"①。

对教育政策适切性评价,至少要把握三个维度:

(一) 合法性

这是评价政策行不行、好不好的前提。教育政策的合法性是指教育政策符合法治精神和法律规范、社会核心价值和文化传统,并被广大公众认可并自觉遵循基本属性,是教育政策的有效性的基础。其合法性主要体现在两个方面:

一是内容合法。教育政策涉及的内容必须符合《中华人民共和国宪法》《中华人民共和国教育法》等基本法,符合党的路线、方针、政策。要从"教育是国之大计、党之大计"的高度坚持以实现人民的教育意志而制定为准则。如果教育政策违背了现行政治体系和法制结构,就会缺乏合法性,就会干扰和破坏教育事业的发展,危害公民的教育权益。

二是程序合法。程序合法,是指教育政策的制定必须符合法律、法规、规章规定的程序。一项新的教育政策的出台,必须符

---

① 吴晓蓉.适切:我国教育政策评价新取向[J].国家教育行政学院学报,2015(03):60.

合法定的步骤和顺序。这需要按照职权、程序启动政策制定工作，并且要"建立健全资源配置信息公开和公众参与制度，资源配置目标、原则、程序、配置结果等信息，除涉及国家安全内容外，要一律向社会公开"①，引导公民广泛参与教育政策的制定，增强社会公众对教育政策的认同感。

（二）可行性

可行性是指现有资源和条件能确保方案、计划及其过程、程序的实施特性。政策可行性是政策被接受和贯彻的可能性。这就需要政策符合大多数人的利益，能解决实际问题。教育政策的利益相关者除政策制定者外，还包括学生、家长、教师、学校管理者、教育行政人员以及其他可能的利益人。对于乡村教师培养工作的政策，就要求紧紧围绕"乡村教师"的发展来制定有针对性、可行性的政策。"一分部署九分落实"。再好的政策都得坚决地执行。但是缺乏可行性的政策也是"空中楼阁"。因此，教育政策既要充分考虑教育的价值和社会基本伦理标准，遵循教育的一般规律，增强政策的强制力，也要用科学的程序安排实施的办法，统筹教育与其他领域的关系。

（三）前瞻性

前瞻性就是对未来可能出现的情况做出预见的特性。教育政策要具有前瞻性，就必须对教育政策的内容、过程、环境和价值等进行预测分析。要充分考虑政策是否与社会经济发展及居民的生活水平相匹配，是否与现实条件无缝衔接，是否能使公共利益

---

① 中国政府网.中共中央办公厅　国务院办公厅印发《关于创新政府配置资源方式的指导意见》[EB/OL].（2017 - 01 - 11）[2020 - 03 - 08].http://www.gov.cn/zhengce/2017 - 01/11/content_5159007.htm.

最大化（并兼顾各利益方诉求），是否符合标准规范，是否能促进教育可持续发展。因此，乡村教师培养工作方面的政策制定主体不能"居庙堂之高"而忘"江湖之远"，要深入乡村教育、乡村学校这个底层，体察乡村教师民意，以科学严谨的调查研究，保障政策的前瞻性。

综上所述，对乡村教育、乡村教师培养工作方面的教育政策的价值性评价和适切性评价是我国乡村教育政策的本质要求和根本需要，是教育政策评价的发展方向。二者有助于政策找准立足基点、契合点，保障乡村教育根本利益，满足乡村教师基本需求，促进乡村教师健康、快速发展。

第二节　学校配置

学校配置是指学校为教师队伍建设和教师专业发展所提供的措施、资源的总称。这里的学校包括两类，一是培养职前乡村教师（师范生）和培训在职乡村教师的高等、中等院校；二是乡村学校。因此，对第一类学校的配置评价主要包括其师范生培养方面的制度（主要是人才培养方案）及其保障措施和资源。对第二类学校的配置评价主要包括学校内部制度和教育资源的配给情况。概而言之，评价学校配置主要有两个维度，即学校制度、教育资源。

一、学校制度评价

从管理角度上讲，学校制度是指为适应社会发展和学校管理需要，学校制定的内部规章制度。制度建设是关系各项事业发展的全局性、稳定性、长期性的根本问题。学校制度建设的总目标是推进依法治校，完善现代学校制度建设体系。

教师队伍建设是做人的工作，更需要加强制度建设，把方向、聚合力、促发展、保落实。学校制度建设就是要根据学校教育教学需要和人才培养的需要，建立和完善为培养教师、教师队伍建设提供支持和保障。因此，评价学校制度，重点要评价制度的"四性"。

（一）制度的针对性和有效性

针对性就是要求针对乡村教师培养的需要。对于乡村中小学，要求根据教育行政部门提出的教师队伍建设目标和要求以及学校教师队伍建设规划，针对教师队伍现状和问题、针对学校教育教学需要、针对教师队伍发展需要，设计规章制度。对于职前培养和职后培训的高等中等院校，要求根据国家的总体部署和具体要求，根据乡村教师培养规格，针对乡村学校教师需求，制定师范生培养保障措施，科学设计师范专业人才培养方案。判断针对性的重要标准就是看是否立足于"努力造就一支素质优良、甘于奉献、扎根乡村的教师队伍"。

有效性就是要求制度、方案能有效地保障人才培养和乡村教师专业发展。对于高等中等院校，有效性体现在人才培养目标与培养效果符合度高，培养措施适合培养工作要求。对于乡村中小学，学校内部制度能激励教师发挥作用，促进教师专业发展。判断乡村教师培养工作政策的"有效性"的一个重要标准，就是不仅看高校培养的师范生能否做到"下得去、留得住"，而且要看是否有利于培养的"准乡村教师"（师范学生）和培训的乡村教师"教得好、有发展"。

（二） 制度的权威性和统领性

学校制度的权威性基于其制定依据的合法性、制度内容的科学合理性、制定过程的民主性。这就要求高等院校按《普通高等学校本科专业类教学质量国家标准》制定师范专业人才培养方案，广泛征求其他培养主体尤其是乡村中小学及其教师的意见，要求乡村中小学遵循《中华人民共和国教育法》《中华人民共和国教师法》等法律及教育政策，准确把握客观要求，让广大职工参与制定规章制度。

学校制度的统领性就是用统一的教育理念、价值观统领思想、协调步伐。学校规章制度繁多，涉及学校工作的方方面面，因此，要注重制度的统领性，避免零散甚至矛盾。在学校制度建设中，"学校章程"就是学校内部的"宪法"，是治校的总纲领。可以通过章程的制定统一思想，为教师队伍建设或培养乡村教师提出指导思想、总体原则。"要把教师队伍建设的各项制度整合为科学的治理体系，使制度建设真正化为治理效能"[1]。

二、教育资源评价

教育资源亦称"教育经济条件"，是指教育过程所占用、使用和消耗的人力、物力和财力资源的总和。对教育资源的评价就是评价其为教师培养提供支撑的情况。

---

[1] 刘建同,刘志鹏.大力加强制度建设 切实提高教师队伍治理效能：学习贯彻党的十九届四中全会精神[N].中国教师报,2019-11-27(015).

（一）高等中等院校的资源配置评价

1. 人力资源配置

在乡村教师培养工作评价上，对这类学校的人力资源配置评价主要是总量配置分析、结构配置分析、质量配置分析。总量配置分析涉及人与事的数量关系是否对应，即培养工作需要多少人去做，生师比是否恰当；结构配置分析就是分析是否根据培养培训工作中不同性质、特点、环节的工作，配备有相应专长的教职工去完成，即高校高职职称人员、高学历人员的比例是否达到要求；质量配置分析是指人与事之间的质量关系，即培养培训工作的难易程度与培养培训者的能力水平的关系，如高校教师队伍水平和外聘中小学教师的水平。这就要求不仅有一支数量充足、学历职称合适、素质优良的教师队伍，还要有一支熟悉教师教育、乡村教育的教育教学管理队伍，更要有从事乡村教育研究的机构或人员。

2. 物力财力资源配置

物力资源是学校的各种物质资料的总称，是师生工作、学习所依赖的物质技术条件。财力资源是指学校在一定时期内所能掌握和使用的，在一定形式和程度上能够转化为资金形态的所有有形和无形资源的总称。有时把财力资源看作人力和物力的货币表现。"人力与物力是从使用价值的角度分析可供分配与使用的经济资源的数量，而财力则是从价值角度分析可供分配与使用的经济资源的数量，财力是价值化了的人力和物力"①。对于高等中等院校培养乡村教师工作来说，其物力财力资源配置在固定资产、流

① 王晓黎. 财力资源配置与使用的效率观研究[J]. 商场现代化, 2007 (22):55-56.

动资产方面都有体现。因此，对这项目的评价要重点考察这类学校用于基础教育教师培养的经费（含专项经费）、校内实训基地建设情况、校外实习基地建设情况、教育信息化建设情况等。这就要求学校在资源的规划配置上既要顺应现代教育的总体要求，又要紧紧对接乡村教师培养培训的需要，不断改革和创新，科学配置和管理，提高使用效率，为教育教学提供有力保障。

（二）乡村中小学的资源配置评价

从我国目前乡村中小学办学情况看，教师队伍建设主要依靠地方政府规划、调配和支持。教师补充、办学经费、学校基本建设都由政府负责，即政府负责配给教育资源。但是，乡村中小学也应发挥能动性，创造条件，改善教师工作条件、工作待遇、人际关系、文化氛围等。对乡村学校在教师培养培训上的资源配置评价，主要针对三个方面开展：一是考察为教师培训筹措经费情况；二是考察为校本培训配置的条件；三是考察为教师专业发展提供的物质财力支持情况。

第二章　形成性评价

形成性评价（Formative Evaluation）是最先针对学生发展或教师发展提出的一种评价。它是相对于传统的终结性评价（Summative Evaluation）而言的。对学生的形成性评价，就是对学生日常学习过程中的表现、所取得的成绩以及所反映出的情感、态度、策略等方面的发展情况做出的评价。有学者认为，"发展性教师评价是在教师工作过程中开展的形成性评价，它通过诊断教学方案、过程、进展情况和存在的问题，并及时反馈，及时改进、调控、矫正以达到提高教育质量的目的"①。

对乡村教师培养工作开展形成性评价，就是针对培养过程进行评价。通过对各培养主体的工作过程的考察，了解教育政策执行情况、教师培养培训情况，分析培养工作的阶段性成效和存在的问题，为后续培养工作改进提供诊断性、引导性意见。

第一节　政策执行情况

政策执行就是指政策确定后，政策执行者通过一定的形式，将政策观念形态的内容转化为现实效果，从而使既定的政策目标得以实现的过程。就执行过程而言，政策执行具有强制性、能动

① 李存生.乡村教师专业发展引论[M].北京:人民出版社,2018:279.

性、连续性、动态性等基本特性。

对政策执行的评价，要结合其特性，重点考察是否建立和完善了传导机制、协调机制、监控机制。

一、政策传导机制

政策传导即政策的传播和导向。政策传导一般包括中央制定政策、地方出台相应的实施细则、政策的执行、政策的效果评估和调整等环节。由此观之，政策的传导是在组织之间及组织与个人之间的传导，是为实现政策目标而形成的共同性活动，是政策运行过程中的主要环节。政策传导机制就是政策主体与政策对象之间在相互传递、交流过程中通过某种媒介相互作用形成的一个有机联系的整体。其目的在于使政策为人们所了解，并逐步内化为人们有意识的自觉行为，从而有利于政策实施，具有一定的导向性。

在政策的传导中，行政组织是关键因素，具有重要作用。为执行政策，相关机构和组织将明确或建立执行机构，动用一定政策资源，解释政策内容，开展动员部署。在这些环节中，至关重要的是对政策的解读和细化。上级确定的政策目标常常会被下级进行政策细化或再规划。这一过程本身就是在执行政策。但是，这个"下级"既是执行主体也是对象，为了自身的利益，在传导过程中将发挥能动性。"在公共政策执行的过程中，政策执行主体、政策目标群体和相关利益集团都希望实现自身利益最大化，这就不可避免产生了政策执行过程中的利益博弈"[1]。另一方面，作为政策执行对象的末端，话语权不足，对政策认知不够，信息

---

① 周建新.我国公共政策监控机制中存在的问题及对策分析[J].领导科学论坛,2018(3):24.

掌握不多，也极大地影响了政策的传导和执行。因此，政策执行过程中，政策传导机制未建立或不完善，必将导致执行政策走样，甚至执行失控。当然，如果执行主体充分发挥主观能动性，发挥行政组织的强制作用，"通过'高位推动''逐级发包'和'晋升锦标赛'等措施来整合政策执行过程，以减少'政策失真'和'政策阻滞'现象，就能实现公共政策的目标与绩效"①。只要重视建立健全科学的政策传导机制，就能有效地实施政策、执行政策。

从乡村教师培养工作方面的政策传导看，从中央政府到各级地方政府，再到相关学校及教师，要经历多个层级。中央政府如何规划目标和明确执行要求、地方政府如何细化上级政策并采取何种落实措施，这些是传导机制中重要的内容。所以，评价乡村教师培养工作效果，就其形成或发展看，紧紧抓住政策执行这一维度是很有必要的。

二、政策协调机制

协调机制就是指整个系统中各子系统之间相互协调、相互促进所形成的一种行为模式及机理。在政策执行过程中，因为利益、职能、地域等原因，需要协调各主体之间、主体与对象之间工作关系，通过相互认可、顺应，形成一个均衡的体系，确保政策执行顺利，使之落实、落地。

从协调主体和内容讲，协调有与外部环境的协调、内部纵横向的协调，主要围绕分工合作、明晰权责、营造环境而开展的协调，从而使各主体相互配合，有效地实现政策目标。从协调拟解

---

① 朱水成.政策执行的中国特征[J].学术界,2013(6):22.

决的中心问题及其性质讲，协调有适应性协调、结构性协调、动态性协调、沟通性协调，旨在解决与外部环境、内部纵横向之间、内部运作过程中各环节之间的矛盾冲突，通过协调化解矛盾，整合力量，共同推动政策执行。从协调手段和方式讲，有会商联络机制、交换意见机制、听证认证机制、情况通报机制、列席会议机制、督查联动机制，通过行政管理手段和社会参与机制，解决各层次、各方面沟通不畅问题、权责不清问题、工作不力问题。

在乡村教师培养工作中，由于主体层次的多元性、面向对象的广泛性、工作环节的多样性、工作内容的系统性、工作周期的长期性，在政策执行过程中可能会出现目标难以实现、条件还不具备的问题，甚至会有各种利益纠葛和矛盾冲突、不作为懒作为现象。这需要在政府的统筹下，建立完善协调机制，及时解决政策执行中的问题。因此，考察有无协调机制、协调工作效果如何，是评价中的一个重要方面。

三、政策监控机制

政策监控机制是由政策监控主体、政策监控对象、政策监控主体发生作用的内容和方式等要素构成的一个系统。政策监控是政策执行过程的重要活动，贯穿于政策制定、执行、效果评价整个过程。政策执行过程不仅是一个动态过程，而且是一个将决策意图变为现实效果的过程。如果执行主体执行不力、逾越权力、自由裁量，敷衍、照搬、抵制政策，就会出现政策执行上的扭曲、偏离、阻滞现象，直接影响政策本身的质量及执行结果。因此，必须对政策的执行加以监督和控制，保证政策能得到贯彻实施，提高政策绩效，实现政策目标。

对乡村教师培养工作的政策监督，其内容、方式、手段是多样的。最有效的是主体自我监控与第三方监控相结合。

从自我监控讲，跟踪政策执行情况、及时反馈政策执行信息、协调推进整改工作、实行问责等是重要的内容。政策执行情况跟踪具有持续性特征，贯穿于政策执行的整个过程。因此，相关主体要及时跟踪《乡村教师支持计划（2015—2020 年）》等相关政策的实施情况，分析评价地方政府相应的实施办法，掌握政策实施中的问题及成效，并且，要及时反馈政策执行信息。要建立健全信息网络，确保信息准确完备，实现政府、学校、乡村教师以及社会各方面信息共享，既保证政策信息的对称性，又保证政策执行中信息反馈的及时性。通过跟踪和反馈，准确把握政策执行情况，推动工作进一步改善，真正形成监控闭环。要重视问责制度的实施，对其管辖范围内各级组织和成员在执行政策中未履行应尽的职责和义务时要求其承担否定性后果。地方各级人民政府教育督导机构要会同有关部门，每年对乡村教师支持计划实施情况进行专项督导，及时通报督导情况并适时公布。国家有关部门要组织开展对乡村教师支持计划实施情况的专项督导检查。对实施不到位、成效不明显的，要追究相关负责人的领导责任。

从第三方监控讲，立法机构的监督、社会舆论的监督、专业评价机构的监督至关重要。立法机构应根据《中华人民共和国教育法》《中华人民共和国教师法》相关规定，专题性地开展乡村教师培养工作执法检查，督促政策法规更好地实施。威廉·F. 韦斯特曾指出："无论是主动的还是反应式的立法监督，都可以因之而起到保护政策执行的完整性。"① 要充分发挥社会舆论的监督作用，它虽然不具有国家强制力，但是仍然具有道德等方面的强制

---

① 韦斯特.控制官僚[M].张定淮,白锐,译.重庆:重庆出版社,2001:179.

力，反映了多数人的意见，是一种社会评价和社会心理的集中体现。对于乡村教师培养问题，更需要广大社会的关注和支持。专业评价机构或第三方评价机构是指独立于政府及其部门之外的专门评价组织。它对乡村教师培养工作的评价虽然不具有约束性，但因其专业性强、注重客观事实和保持中立，所以对政策执行评价具有很强的客观性，对实践工作改进具有指导意义。

不仅如此，还要建立监控体系内部各监控功能（或行为）的联动机制、监控体系与社会监督体系之间的联动机制、监控职能与其他公共职能之间的联动机制。只有建立"上下贯通、内外联动"一体化联动监督机制，政策执行情况的监督、评价才会更有效。

第二节 教师培养培训过程

实施教师培养（培训）方案，就是人才培养的具体过程。对这一过程情况及效果的评价就是过程评价。因此，首先要弄清楚乡村教师培养培训过程中有哪些主要环节，以及各环节的基本要求，以便考核评价过程与设计、结果的符合度。

从宏观的学习内容和形式看，教师职前培养过程主要包括课程学习、专业实践两大环节，教师职后培训过程包括课程学习、专题研习两大环节。无论哪个环节，都按专业人才培养方案所规定的专业教学标准和主要环节的要求进行。因此，评价乡村教师培养工作就要重点评价课程实施情况、实践教学或专业研习的情况及其效果。

一、课程实施评价

所谓课程实施评价，就是指根据一定的标准和课程运行情况，检查课程实施方式，以及课程实现培养目标的程度和效果。这种课程评价，就要求将教师和学生在课程开发、实施以及教学过程中的全部情况纳入评价的范围之内，强调评价者与具体情境的交互作用，主张不论是否与预定目标相符，与教育价值相关的结果，都应当受到评价。

根据美国著名教育评价专家斯塔弗尔比姆于 20 世纪六七十年代提出的"CIPP"评估模式（CIPP 即背景评估 Context Evaluation、输入评价 Input Evaluation、过程评价 Process Evaluation、成果评价 Product Evaluation），过程评价主要是通过描述实际过程来确定或预测课程计划本身或实施过程中存在的问题，需要对计划实施情况进行连续不断地监督、检查和反馈。那么，课程实施既是研究课程方案的执行情况，也是动态的过程存在。作为课程执行者的学校和教师，既要深刻理解课程要求和科学运用课程，又要按照实际的情况对课程进行调适，从教学内容和教学方式上加以改革。因此，课程实施评价要重点考察课程实施者以下两种观念：

（一）教学生态观

教学生态观就是围绕教学中各因素的平衡与调适，提高教学效率，促进学生健康发展的观念。它坚持以学生为中心，强调每一个学生的需求，兼顾学生的个性发展，通过课程教学，实现教学与学生发展的真正统一。它具有包容性、系统性和现实性，要求教师关注课程教学目标，整合教学内容，建构教学共同体，实行多维评价。"教师的教学活动必然会受到现在或者曾经一起工作的同事或群体的愿景和取向的影响，以群体及其专业生活方式为基础、以传统或规范为核心的教学文化，……为教学赋予了意义"①。因此，要建设好教学生态，建设有利于课程实施的教学文化。

在教学生态观的影响下，课程实施将采取"调适取向"和"创生取向"。相互调适取向即把课程实施视为培养方案与课程实施者的双向调适，以适用于特定而变化的课堂情境，使学生获得较大的学习效能。课程创生取向就是将课程实施当作师生在具体的课堂情境中相互合作、共同创新课程教学经验的过程。因此，在乡村教师培养中，要注重乡村教师培养目标要求，适应乡村教师岗位要求，适应乡村教师教育教学环境要求，适应乡村教师专业发展要求，调适培养方案与方案实施中的问题，优化课堂教学环境，创建乡村教师培养培训的良好环境。

（二）课程效能观

课程效能观是关于什么是有效或高效课程的认识和看法，是课程总的价值指向。它贯穿于课程开发、组织、实施和评价等各个环节。这一观念认为，效能以目标为导向；目标既是效能的方向所指，也是效能评价的依据；强调课程目标的生成性。因此，在课程实施中就会表现出"忠实取向"。

忠实取向要求课程实施必须忠实地执行课程方案。课程实施是否成功、效能如何，取决于课程实施过程中实现预定的课程目标和任务的程度。实施课程越忠实于课程方案，课程实施程度也就越高，课程效能也就越强。当然，也有学者认为，要从"增值"的角度出发，充分发挥课程实施者的主观能动性，才能建设高效

---

① 王晓芳.文化生态取向的教师专业发展理念[J].教师教育学报，2019，6（5）：40.

课程。"只有当教师的教育实践拥有充分的自主、自由特征时，教师的课程实践才可能是最有创造性和最有效能的"①。

总之，对课程实施的评价，要始终抓住影响课程实施的因素。在这些因素中，学校的坚定性、教师的效能感、师生的交互性最为重要。乡村教师培养培训工作，要关注教师教育课程的特殊性，分析其实施的方式与效果的关系，着力建设高效课程、高效课堂。

二、专业实践评价

这里所言的专业实践包括职前培养的实践教学和职后培训中的专题研习。

（一）职前培养实践环节

职前培养的实践教学环节有多种形式，如：校内实训、实验，校外见习、实习、社会实践。在这些环节中，既有认知性、体验性活动，也有验证性、履职性活动，还有探究性、创新性活动。其总目标是实践育人。

加强实践育人环节是提高教育质量的核心要求。因此，在职前培养中，要注重全程实践教学，突出培养师范生的职业能力，要抓好实践教学各环节，改进教学方式和育人模式。"按照'一体化、分阶段、有层级'的思路构建全程实践教学，教师职业能力训练从新生入校开始，每学期都要进入学校实习现场进行实践学习，而且四年不间断，全程实施开放性'TPRP'（理论 Theory—实践 Practice—反思 Reflection—实践 Practice）螺旋渐进式实

---

① 周波,黄培森.论技术主义课程效能观及其复杂性转向[J].教育探索,2016(12):16.

践教学模式"①。因此，要突出能力本位，坚持面向乡村教育培养高素质应用型人才，使之具有从事乡村教育教学所需要的专业能力、职业能力。

（二）职后专题研习环节

在实践教学方面，教师职后培训不同于职前培养。职后培训应该重视反思能力、研究能力的培养。其中，项目式学习、专题研习、案例探究、教学设计等等，都是培养教师实践能力的有效办法或途径。

其中，专题研习是职后教育实践中的重要环节。所谓专题研习又称为专题式学习、研究性学习等，是一种以学员为主的学习模式。专题研习一般采取两种方式进行：一是在教师的辅助下，由学员策划、执行及自我评估；二是教师要求学员根据自己的兴趣和能力去选定一个研习题目，然后搜集资料，对题目进行探索和讨论。无论哪种形式，学员都是专题研习过程的"主人"。这种实践模式有利于在职教师通过研习一个特定的专题，运用现有的知识和技巧来重新综合，能自主地建构学科专业知识，从而达到"学习如何学习"的目的，培养在职教师的自学能力和研究能力，为反思素养的培养起到重要作用。

因此，要引导乡村学校在职教师善于发现问题、思考问题及研究解决问题，促进自我学习和研究能力的增强。对职后培训实践环节的评价，就要关注实践教学工作实施的方式与培训目标的符合度、关注培训过程对培养目标的支撑度（达成度）。

综上所述，教师培养培训过程评价本身也是一个过程，不仅

---

① 胡春光.优化实践环节　培养卓越小学教师［N］.中国教师报,2018 -4 -4(013).

具有延续性，也具有阶段性。延续性要求评价关注实施过程中的情感态度和行为表现，阶段性要求评价关注每一阶段、环节的实施效果，包括方式与效果。因此，过程评价应坚持发展性原则、全面性原则、多元化原则、动态性原则。

第三章　增值性评价

詹姆斯·科尔曼（James S. Coleman）教授 1966 年向美国国会递交的《关于教育机会平等》（Equality of Educational Opportunity）的报告（即《科尔曼报告》），其研究基于国家教育政策成效判定和教育公平监测，虽然没有明确提出教育增值评价问题，但催生了追求教育公平的教育增值评价。因此，《科尔曼报告》被认为是学校增值性评价的起源。

近些年来，针对学生学业评价中存在的问题，人们逐步认识到增值性评价的科学性和重要性，提出要更多地关注学生学习所获得进步和增值程度，关注教师和学校在帮助学生获得增值中所发挥的作用。增值性评价作为一种教育评价技术，是一种基于"产出"的教育评价，是发展性评价的具体表现形式，是发展性评价方法的一种。"增值评价不是对不同被评价者发展结果的横向比较，而是对同一被评价者的发展状态的纵向比较，既可以看出不同被评价者的进步水平与努力程度，也可以看出不同被评价者的'投入''成本'以及'投入产出比'"①。

顾明远先生指出："对学校和教师进行评价也应该重视增值评价，从发展中看学校和教师的进步。"② 对乡村教师培养工作中的

---

① 范国睿.教育评价改革需要新路向[N].中国教育报,2020 - 07 - 20(2).

② 顾明远.对深化新时代教育评价改革的几点认识[J].教育测量与评价,2020(8):4.

增值性评价，重点要考察乡村学校的发展情况、乡村教师的发展情况。

第一节 乡村学校的增值

学校评价是运用教育评价的理论和方法，根据教育方针的要求，对学校全部工作成绩和管理效能进行的评定估量。学校增值性评价就是以"输入""输出"变化为依据，分析"投入产出比"，判断学校发展（增长与负增长）程度。

因此，对乡村学校增值性的评价，要重点关注的是，在各种教育资源"输入"后的一段时间内，当前乡村学校发展的"事实结果"与此前的"基础水平"之间的差距，以此来分析判断乡村学校发展的程度、水平。一段时间内的学生、教师、学校发展之前的"基础水平"，以及诸如各种教育资源条件等其他"输入"条件相比，通过判断这一"基础水平"与"结果"之间的差距，来判定乡村学校的进步水平。

从发展模式看，学校的发展分为外延发展和内涵发展。对学校的增值性评价可以以此为维度，分析学校发展的效能和增值情况。

一、内涵发展是学校增值性评价的主要维度

内涵发展是以事物的内部因素作为动力和资源的发展模式。它涉及学校办学理念的确立或更新、学校文化的建设与凝练、学科专业水平的提升、教学科研能力的增强、教师队伍素质和水平的提高、人才培养质量和水平的提高等方面。对于乡村学校来说，

评价其内涵增值，主要从两个方面进行考察：

（一）办学定位与办学效果的符合度

我国有关政策法规对各级各类学校的设置、教育形式、修业年限、招生对象、培养目标等有都有明确的规定。其中对中小学的定位可以说是乡村学校办学定位本质属性的体现。在新的历史时期，国家根据城镇化、乡村振兴、城乡教育一体化、义务教育优质均衡发展、教育现代化等战略，对乡村教育给予了特别重视，提出了新的要求。因此，从定位讲，乡村学校不仅是乡村教育的主体，还是教育扶贫的重要主体、乡村文化的中心。

从乡村教育主体方面讲，乡村学校承担着人才培养的重任。一是培养高一层次（或学段）学校需要的生源，二是培养乡村建设的有用人才或生力军。乡村教育具有乡村性，其主要责任就是乡村建设，包括为乡村学生提供知识扫盲、科学普及，以及生活技能的教育。就是说，乡村教育的目的是让儿童在深刻领悟乡村传统文化的基础上学习现代科学知识，让儿童以后成为社会主义新农村建设的主力军。

从教育扶贫方面讲，乡村学校既是脱贫的对象，也是扶贫的主体之一。"乡村学校作为参与教育精准扶贫的主体之一，承担着提高贫困人口的人力资本水平的重要责任"①。乡村学校在优化教育扶贫资源、创新教育扶贫机制、完善学生资助体系上的特殊作为就是乡村学校实施教育精准扶贫的重要表现。只有充分发挥乡村学校这一功能定位，才能真正发挥乡村学校的积极作用，实现教育精准脱贫。

---

① 林晨一,赵丹.乡村学校助力精准扶贫的功能定位及实现路径[J].现代中小学教育,2019,35(3):5.

从文化功能方面讲，理论上，乡村学校应该是乡村文化的中心。"乡村教育之所以是乡村建设的主体，其重要依据正是农村教育所承担的这份文化责任。乡村教育以它独特的文化性，具有作为乡村建设主体的能力"①。但是，在城乡一体化的进程中，在强势的城市文化冲击下，乡村文化的空间被挤压，乡村学校的文化地位被削弱。在构建教育现代化理想中，建构教育的本土化同样很重要。这就要求乡村学校不仅要为上一阶段学校输送合格的人才，为新农村发展培养建设者，更要继承主流文化，重塑乡村文化中心形象，只有这样，才能实现培养目标、理念与社会需求的和谐。张雪、叶忠在《基于贫困文化理论的农村学校发展定位思考》（《教学与管理》2018 年 01 期）一文中，基于贫困文化理论提出农村学校的理想定位是"城乡文化融合的助推者""社会文化氛围的引领者"，进一步拓展了乡村学校作为乡村文化中心的内涵定位。

那么，乡村学校根据新的要求，在办学过程中是否强化了定位，是否发挥了自身功能，办学效果是否与定位相符，这些是评价其增值的重要维度。也就是说，学校发展的目的性是学校评价发展的必然要求，被弱化的定位重新得到重视和强化是增值性评价特别关注的内容，满足需要程度是学校增值性评价的价值标准。

（二）人才培养质量提升度

《国家中长期教育改革和发展规划纲要（2010—2020 年）》指出，要"把促进人的全面发展、适应社会需要作为衡量教育质量的根本标准"。在学校增值性评价中，"通过对学生纵向发展的衡

---

① 薛晓阳.乡村教育与乡村建设的政策隔离及问题：以农村教育的文化责任和乡村义务为起点[J].清华大学教育研究,2018,39(02):53.

量，有效区分学校与非学校因素，实现了对学校办学质量的有效评估"①。同样，对于乡村学校的教育质量而言，最核心的是学生培养质量，对其增值性评价最核心的就是对学校在人才培养质量的增幅进行评价。

目前，对学校的一些评价缺少体现教育规律的客观标准，往往是以单一的考试成绩和升学率作为主要标准。其实，学生的发展，不仅仅是学业的增长，还有情感、态度、价值观等方面的培养。《教育部关于积极推进中小学评价与考试制度改革的通知》（教基〔2002〕26号）指出："既要重视学生的学习成绩，也要重视学生的思想品德以及多方面潜能的发展，注重学生的创新能力和实践能力。"并且明确：以促进学生发展为目标的评价体系主要包括基础性发展目标和学科学习目标两个方面，即所谓"七个维度"。这为学生评价明确了基本内容。但是，增值性评价所关注的是"变化"情况。因此，对人才培养质量增值性评价要树立正确的理念和标准。

1. 强调"成果导向"和"达成度"

成果导向教育是指基于学习产出的教育模式（Outcomes - based Education，缩写为OBE）。美国学者斯派蒂（Spady W. D.）将其定义为"清晰地聚焦和组织教育系统，使之围绕确保学生获得在未来生活中获得实质性成功的经验"。"成果导向"理念具有两个鲜明的特点：一是在关注对象上，面向产出即学生学习成果，不仅关注全部学生，而且重视每位学生；二是在评价上，重视自我参照评价，强调学生自己与自己比，而不是学生之间的比较。

达成度是指结果对于目标的实现程度。成果导向教育就是强

---

① 边玉芳,王烨晖.增值评价:学校办学质量评估的一种有效途径[J].教育学报,2013,9(1):43.

调预期学习成果的确定、达成方式及达成度的评价。这就要求根据每个学生能达到教育要求的程度，判断其是否已经达到了自我参照标准，给予其从不熟练到优秀的不同评定等级来进行针对性评价。这种评价的结果须用"达成"或"未达成"，"达成度高"或"达成度低"来表示。

2. 坚持"量化评价"与"质性评价"相结合

对人才培养质量的评价是对其综合素质的评价。其中，对其学业成绩的评价通常采取量化评价方法，即对学业成绩生成过程及结果从数量方面进行描述、分析，采用数学的方法取得数量化结果的评价方法。但是，对学生在道德品质、公民素养、交流与合作能力等方面的评价，要做到量化评价很困难。这就需要进行质性评价，关注学生发展成长情况，并通过描述性、解释性的语言对其行为、原因和结果做出评判。"评价学生在综合素质教育体系中知识与能力、过程与方法、情感态度价值观等方面的生成价值，关注学生在教育过程中与之相伴的情感状态、价值观、人生意义等的形成"①。

因此，要通过"量化评价"与"质性评价"的结合，考查学生学业成绩是否有所提高、综合素质是否有所提升，并通过比较，考查学生个体提升的幅度及学校整体提升幅度。

二、外延发展是学校增值性评价的基本维度

相对于内涵发展而言，外延发展是以事物的外部因素作为动力和资源的发展模式。它表现为数量增长、规模扩大、空间拓展，

① 王玉玲,杨杰,王一宁.基于质性评价理论的素质教育评价体系构建[A]//李和章,庞海芍.素质教育与一流大学建设:2017年大学素质教育高层论坛论文集.北京:高等教育出版社,2017:197.

主要是适应外部的需求表现出的外形扩张。教育的外延发展就是依靠增加教育要素的数量，即增加投入教育的人力、物力和财力，实现教育规模的扩大和事业的发展。学校外延发展以学校发展规模和速度为核心，是学校发展的数量表征。由于外延发展的构成要素是可以被量化的有形资产，因此，它可以直接地观察和测评。

评价乡村学校外延发展增值状态，就要从"输入"所引起的学校有关要素的变化入手。

为了促进乡村学校的发展，各级政府在政策上、经费投入上（包括社会力量的资助支持）的情况，以及学校自身各方面的投入情况，是考察"输入"的重要方面。

从政府"输入"情况看，主要表现为宏观支持政策（包括建设规划、经费投入）和建设标准、具体建设指标和特殊要求。这些文件主要有：原国家教育委员会制定的《关于制定义务教育办学条件标准、义务教育实施步骤和规划统计指标问题的几点意见》（1987年）、《普及义务教育评估验收暂行办法》（1994年）、《农村普通中小学校建设标准（试行）》（1996年）以及《城市普通中小学校舍建设标准》（2002年）等文件，住房和城乡建设部、国家发展和改革委员会关于批准发布《农村普通中小学校建设标准》的通知（建标〔2008〕159号），《国务院办公厅关于全面加强乡村小规模学校和乡镇寄宿制学校建设的指导意见》（国办发〔2018〕27号），《中共中央关于全面深化改革若干重大问题的决定》，中共中央、国务院印发的《乡村振兴战略规划（2018—2022年)》等等。这些文件对学校校园规划、建设用地指标、校舍建筑面积指标、校舍主要建筑标准、师资配备、生均拨款等提出了达标要求，其中既有中小学一般性要求，又有对农村学校、乡村学校特别的要求。地方政府和乡村学校按国家要求建设学校，加快学校外延发展。考察"投入产出比"就是考察外延发展中的增值性评价。比如近些年来，21 世纪教育研究院发布的《教育蓝皮书》，对农村学校投入和效益进行了分析，反映出成效与不足。

三、特色发展是学校增值性评价的重要维度

学校特色就是一所学校在办学上有别于其他学校的独特性。特色发展对凝聚学校文化精神、调动师生教学积极性和主动性、增强和展示学校活力、提高学生素质、增强对乡村学校发展的信心都具有积极作用。《国家中长期教育改革和发展规划纲要（2010—2020 年）》要求："树立以提高质量为核心的教育发展观，注重教育内涵发展，鼓励学校办出特色、办出水平，出名师，育英才。"这就要求乡村学校坚持走特色发展之路，注重全面发展教育和素质教育，实现教育理念特色与教育形式特色的统一。学校特色发展作为学校改进的一种基本策略，理应根据学校内部实际情况和外部环境的变化，对乡村（社区）、学校资源进行充分挖掘或重组整合，"以学校质量改进为根本目的，以特色课程体系为核心支撑，以学校文化为价值前提和沉淀形式，以组织管理为基本保障"①，使学校在特定领域显现独特风格或优势。

因此，评价乡村学校特色的增值，就是考察是否已形成鲜明特色，以及该特色的影响程度。

---

① 范涌峰，宋乃庆.学校特色发展测评模型构建研究[J].华东师范大学学报（教育科学版），2018，36（2）：70.

第二节　乡村教师的增值

乡村学校的发展与乡村教师的发展互为基础和前提。乡村教师的发展又是乡村学校发展、乡村教育发展的重要标志。

从教师增值角度讲，对乡村教师培养工作的评价就是评价通过培养培训工作使乡村教师有新的收获、新的发展。教师的收获应该包括两个层面：一是物质层面的显性获得；二是精神层面的隐性获得。

一、显性增值

教师的显性获得，就是实实在在可见的、可衡量的收获，如教师工资福利待遇的提高、住房条件的改善等。那么，在评价教师增值时，不是要评价教师效能即为教育教学所做的贡献，而是要评价教师自身的获得，要根据政策、法律的"输入"，考察教师的新收获。

《中华人民共和国教育法》《中华人民共和国教师法》等法律和中共中央、国务院出台的《关于全面深化新时代教师队伍建设改革的意见》、中央全面深化改革领导小组通过的《乡村教师支持计划（2015—2020 年）》等政策文件，对于教师、乡村教师物质层面的支持、保障有许多明确的要求和具体的措施。如："确保中小学教师平均工资收入水平不低于或高于当地公务员平均工资收入水平"，"提高乡村教师生活待遇"（生活补助、缴纳住房公积金和各项社会保险费、重大疾病救助、周转宿舍建设）。因此，在评价增值情况时，要考核一定时期内，乡村教师工资收入是否有增长，生活补助是否有增加，住房条件是否有改善，等等。如果乡村教师培养方面政策经费等的投入与乡村教师的获得成正比，即"输入"与"输出"成正比，那么说明增值是正向的、有效的。

二、隐性增值

教师的隐性获得，就是精神层面的新感受、新变化。如：社会地位的提高、精神文化生活的充实、自身专业的发展、职称（职务）评聘的优先等。

国家许多法律和政策对于教师的思想素质、职业道德有明确的要求。我们不仅要重视教师之于社会和学生"蜡烛式"的工具性价值，也要重视之于教师自身发展"名师"的本体价值，因此，要考察乡村教师自身能力素质是否提升，学历层次是否提升，荣誉是否得到应有的评定，职称职务是否得到关照性、倾斜性评定，等等。其中，对乡村教师专业发展的评价要给予充分重视。

从"教得好""有发展"角度讲，教师的发展核心是专业发展。这既是乡村教育发展的客观要求，也是教师自身发展的必然要求。我们既要为乡村教师履职施教创造优越条件和良好环境，也要促进乡村教师自我的提升。没有教师自身专业的发展，教师培养工作的增值就不算真正的增值。

从动态发展看，教师专业化是一个渐进的过程，强调教师的成长与发展。要"清楚认识到教师专业化发展是教师个体由内而外主动发展的过程，其核心是教师个体专业发展，以增强教师专业责任感、提升教学品质、形成专业自我和优化教学行为为重点"①。教师的专业发展核心是教师素质的发展。教师的素质结构具有多维性。从乡村教师的特点分析，教师素质主要包括教育教学观念、知识结构、能力结构和动力系统（情感、态度和价值观）。其中，对于乡村教师而言，要求注重追求专业自由和精神自由，保持乡土热爱的情怀，保持对教育和对自我发展的热情。

总之，在乡村教师发展评价中要引入增值性评价制度，重点评价教师的增值成效，切实提升教师自信心、获得感，提高教育资源投入产出率。顾明远先生指出："'增值评价'也就是我们通常讲的发展性评价，……进步就是增值了。"②

---

① 臧艳美.农村小规模学校教师专业化发展的问题审视与提升策略[J].教学与管理(理论版),2020(4):62.

② 顾明远.对深化新时代教育评价改革的几点认识[J].教育测量与评价,2020(8):4.

第四章 综合性评价

综合性评价（Comprehensive Evaluation），即综合评价方法或多指标综合评价方法，是采用比较系统的、规范的方法对多个指标、多个单位同时进行评价的方法。它不仅是一种方法，还是一个方法系统，是指对多指标进行综合的一系列有效方法的总称。

综合性评价除具有一般评价的目的、对象、主体、指标、结果等基本要素外，特别关注被评价对象、评价指标、权重系数、评价模型四个方面。它正在成为教育评价的趋势。

在乡村教师培养工作评价中，要特别注重对象、内容、方法三个方面的综合性评价。

第一节 针对对象的综合评价

在客观世界中，评价的对象系统往往具有多个不同的属性，既有同类事物或同一事物在不同时期的纵向表现，也有同类事物或同一事物在同一时期的横向表现，需要先从多个不同的侧面加以评判，然后再进行综合，主要包括：对评价对象进行系统的描述；对评价对象的整体状态进行综合测定；对评价对象的复杂表现进行层次分析；对评价对象进行聚类分析。

2020 年 9 月，教育部、中央组织部、中央编办、国家发改委、财政部、人力资源和社会保障部联合发布的《关于加强新时代乡村教师队伍建设的意见》明确："地方党委和政府是乡村教师队伍建设的责任主体"，要"建立教育部门牵头，组织、编制、发展改革、财政、人力资源社会保障等部门协同机制，形成工作合力"，"积极构建省、市、县教师发展机构、教师专业发展基地学校和名校（园）长、名班主任、名教师'三名'工作室五级一体化、分工合作的乡村教师专业发展体系"。

根据这一文件的基本要求，对评价对象的综合就要注意如下几个方面：

一、对象聚类分析

聚类分析（cluster analysis）是一组将研究对象分为相对同质的群组（clusters）的统计分析技术。针对多评价对象灵活地选取多指标、综合各指标之间的相互关系进行评价，使评价结果具有更高的合理性、准确性和实用性。根据文件精神，党委和政府及其相关职能部门是乡村教师队伍建设的责任主体，也是评价中的重要主体。此外，承担乡村教师培养培训的"地方专科、本科师范院校""当地中小学（幼儿园）"也是评价的重要对象。

依据直接聚类法，在乡村教师培养工作评价中，其对象聚类主要有两大类：一是党委政府系统，既包括各级党委、政府，又涵盖各级党政相关职能部门；二是学校系统，既包括培养乡村教师的地方专科、本科师范院校，也有承担公费定向师范生培养及其他培养基础教育师资的学校，也包括乡村中小学和幼儿园。

因此，按照某个特定标准（如教师培养工作基本要求）把一个数据集分割成不同的类或簇，使得同一个簇内的数据对象的相似性尽可能大，同时不在同一个簇中的数据对象的差异性也尽可能大。在评价中，首先要厘清培养工作各对象的责任，准确把握各对象在乡村教师培养工作中的职责和政策要求，然后，根据各自具体表现，综合评价培养工作的整体效果。

二、考察重点选择

《关于加强新时代乡村教师队伍建设的意见》在明确总体要求时指出："紧紧抓住乡村教师队伍建设的突出问题，促进城乡一体、加强区域协同。""一体"和"协同"本身就是要求各方培养主体共同作为，群策群力，打好"组合拳"。因此，在综合性评价中仅仅分别考察各对象的职责表现还不够，必须考察各对象在乡村教师培养工作中的关系和协同发挥作用的情况，这才是综合性评价所关注的核心。比如：

——是否建立了培养共同体。乡村教师培养，需要构建政府—高校—中小学"三位一体"培养共同体，并要求培养主体（评价对象）发挥应有的作用。

——是否构建了多方共建、共管、共享机制。在乡村教师培养上，要求师范院校协同县级政府，参与当地中小学教育教学实践指导，建立乡村教育实践基地，构建三方共建、共管、共享机制，确保教育质量。

——是否构建了乡村教师专业发展体系。要求师范院校坚持以乡村教育需求为导向，加强师范生"三字一话"教学基本功和教学技能训练，强化教育实践和乡土文化熏陶，促进师范生职业素养提升和乡村教育情怀养成。同时，乡村学校要发挥乡村教师新乡贤示范引领作用，塑造新时代文明乡风，促进乡村文化振兴。

——是否形成了学习共同体、研究共同体和发展共同体。要求师范院校采取多种方式，长期跟踪、终身支持乡村教师专业成长，引领形成学习、研究、发展的共同体。

　　——是否形成了培养、聘任联盟。要求政府和中小学（园）积极探索"多校联聘""一校长多校区""乡村校长联盟"等机制，深入推进校长职级制改革，建立乡村校（园）长后备人才制度，加快乡村校（园）长职业成长。

　　——是否建立了政府与学校的联席会议制度。要求建立乡镇党委和政府组织、村委会和乡村学校等参加的联席会议制度，重点研究和解决乡村教师队伍建设的困难和问题。

　　因此，综合性评价需要对评价对象的综合，从考核内容中考察各对象参与情况及职责发挥情况。

第二节　针对内容的综合评价

　　评价内容的综合，就是指为评价内容实施多维分析，建立综合评价体系。其中，最重要的是评价指标和权重的科学设定。评价指标是指根据研究的目的和对象，能够反映研究对象某一方面情况的特征依据。指标体系是指由一系列的相互联系的指标所构成的整体，它综合反映被评价对象各方面的情况。权重的确定即确定指标对总目标的贡献程度。

一、评价指标

　　评价指标的选择应注意与所采用的综合评价方法相协调。一般的评价方法要求评价指标间尽可能不相关，只注意指标的代表性。综合性评价方法对指标的特征和选择要求则不同，要求消除指标之间的相互干扰和替代，注重指标的全面性。因此，在进行综合性评价指标体系的选择时，应当尽量选择相对指标来进行评价，并且注意相对指标与总量指标的结合应用。在纵向评价客观事物的发展状况时，既要选取总量指标，也要有相对评价指标。用总量指标评价客观事物的发展状况，可以反映事物发展的实际水平；用相对指标来反映事物的发展，可以弥补总量指标的局限性。因此，要客观地评价事物的发展状况，必须将总量指标和相对指标都纳入评价指标体系。

对乡村教师培养工作的综合性评价，要考虑这项工作本身"全面""多元""立体"的特点。"我国乡村教师问题不仅是教育学的师资问题，还是经济学的财政问题、社会学的民生问题、管理学的体制机制问题、政治学的权利问题、文化学的民族或习俗问题"①。这种多领域交织的复杂性，决定了乡村教师培养工作评价的广度和深度，因此，在指标设定上必须注重综合性、全面性。

比如，在乡村教师培养政策评价上，可将政策措施划分为综合类、专题类、补充类，或者划分为培养（培训）类、评价类、待遇类，并以政策措施具体程度、力度、内容等为依据，确立评分评判标准。在高校培养乡村教师工作评价上，可拟定培养目标与培养效果类、培养措施与实施效果类、经费及师资力量投入与培养培训绩效类、培养共同体协作及效果类等等，细化评价指标和内涵。

二、权重或权重系数

当被评价对象及评价指标确定时，综合性评价的结果依赖于权重系数，其可信程度也取决于权重系数的确定是否合理。综合

---

① 蒋亦华.新世纪我国乡村教师政策文本的多维审视[J].教育发展研究,2019,38(20):58.

性评价实质上是由多指标到单指标的转化过程，而综合性评价需要通过评价函数实现。

权重是一个相对的概念，是针对某一指标而言的。某一指标的权重是指该指标在整体评价中的相对重要程度。设置权重的方法很多，各方法均有利弊。在乡村教师培养工作评价中，从综合性评价角度出发，既要采取主观经验法，体现培养工作评价的导向，又有采取层次分析法，适应综合评价的多维度、多层次性。因此，权重的设计要考虑三个基本特性：

（一）导向性

要把以人民为中心的发展思想贯穿乡村教师培养工作全过程，贯穿培养工作绩效考核的始终。乡村教师培养的工作目标既是综合的，也是多元的，对其评价必须是全面的绩效评价。因此，在设计权重时，要考虑指标的关键性和指标之间的优先级，要体现对于培养工作的引导性，体现评价者的价值取向。

（二）层次性

绩效有大小、影响有强弱。评价指标本身又具有层级性。绩效评价体系是一个复杂的多维度、多层次系统。因此，要采用"层次分析法"①，将复杂的绩效问题分解为各个组成因素，将这些因素按支配关系分组形成有序的递阶层次结构，以适应乡村教

---

① 层次分析法（AHP，Analytic Hierarchy Process）是由美国著名运筹学家、匹兹堡大学萨迪（T. L. Satty）教授提出的一种定性分析与定量分析相结合的系统评价分析方法，是系统工程方法中解决多目标系统评价或决策问题时常采用的权重设计方法之一。这种方法能够把一个复杂的问题表示为有序的递阶层次结构，通过两两比较、判断和计算，将因素（指标）之间的关系加以条理化，并计算出不同因素的相对重要性（权数）。AHP 应用于综合绩效评价指标体系中的指标权重设置，具有很强的适应性。

师培养工作评价指标体系的多维度、多层次性的特点，给予绩效评价恰如其分的赋分。

（三）关联性

在评估实践中，要综合运用各种方法，科学设置指标权重，并根据需要适时进行调整。

在乡村教师培养工作评价中，构建综合评估指标体系既要紧紧抓住政策设计与总体效果的符合度，又要综合考虑各项发展指标的实现程度。要把影响乡村教师培养质量的相关因素纳入评价范围，从政府的政策设计与实施效果、高校培养举措与效果、乡村教师队伍数量结构变化与专业发展、乡村教育质量与学生发展、乡村教师与乡村振兴的关联等方面综合评价培养工作的效果。其中，乡村教师培养政策或发展规划实施周期较长，效果多元复杂，必须采用定量指标和定性指标相结合的全面综合评估。同时，乡村教师培养工作中共同培养模式、教师专业发展状况、乡村教师对乡村教育的支撑或贡献度是其核心指标。因此，有重点的综合评价是科学的、全面的、客观的综合评价。

第三节　针对方法的综合评价

在综合性评价中，其关键技术除了指标的选择、权数的确定外，方法的适宜是极为重要的。因此，在应用综合评价方法时，既要重视综合评价方法的运用，也要重视各评价方法的综合运用，保证综合性评价的可行性和科学性。

综合评价方法有很多：专家评价法，即专家打分法；运筹学等数学方法，如 AHP、效率评价方法、模糊综合评判法；新型评价法，如人工神经网络（BP）、灰色评价等；混合方法，如 AHP—模糊综合评价、模糊综合评判法等。那么，选择什么样的评价方法用于评价实践？要重点考虑的因素有：评价方法是不是评价者最熟悉的评价方法；所选择的方法是否具有坚实的理论基础、能为人们所信服；所选择的方法是否简洁明了、能降低算法的复杂性；所选择的方法是否能够正确地反映评价者的评价目的。

其中，有三种方法具有可行性和实用性。

一、以层次分析法（AHP）为核心

该方法运用的基本程序为：建立层次结构模型、构造判断矩阵、层次单排序、层次总排序、一致性检验。

建立层次结构模型就是运用 AHP 进行系统分析，首先要将所包含的因素分组，每一组作为一个层次，把问题条理化、层次化，构建层次分析的结构模型。这些层次大体上可分为：最高层（目标层）、中间层（准则层）、最底层（措施层或方案层）。构造判断矩阵是因为任何系统分析都以一定的信息为基础。AHP 的信息基础主要是人们对每一层次各因素的相对重要性给出的判断，这些判断用数值表示出来，写成矩阵形式就是判断矩阵。层次单排序是指根据判断矩阵计算对于上一层某因素而言本层次与之有联系的因素的重要性次序的权值。它是本层次所有因素相对上一层而言的重要性进行排序的基础。层次总排序即利用同一层次中所有层次单排序的结果，来计算针对上一层次而言本层次所有因素重要性的权值。一致性检验就是计算与单排序类似的检验量，检验评价层次总排序的计算结果的一致性。

在乡村教师培养工作评价中，可用层次分析法建立层次结构模型（图 3 - 1），并通过构造矩阵和排序，检验评价培养工作绩效的层次构成和增值程度。

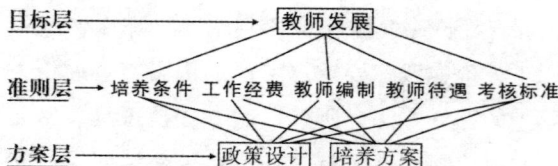

图3-1　层次结构模型

二、以定量 + 定性评价为主体

影响人才培养工作的因素非常复杂，培养工作绩效也表现出多种形式。乡村教师培养工作效果有显性的也有隐性的，既具有确定性、可述性，也具有模糊性、时变性。这就要求采用定量评价与定性评价相结合来评价乡村教师培养工作效果。

定量评价就是通过收集评价对象的定量资料，采用严谨的数学逻辑思维，辅以模型深入剖析，其重点就是考察客观事物中对应各子指标的实现程度，即质量效果程度。定性评价是对评价资料做"质"的分析，是运用分析和综合、比较与分类、归纳和演绎等逻辑分析的方法，对评价所获得的数据、资料进行思维加工。综合性评价就是要考察"为什么""怎么样"方面的特性，考察客观事物整体发展情况、目标总体性实现程度和发展趋势。

在评价工作实际中，为了全面反映被评价对象的情况，评价者总希望所选取的评价指标越多越好。但是，过多的评价指标可能会使评价指标间造成评价信息相互重叠、相互干扰。而且，定量评价并非纯粹客观性的，而是包含着某种"建构性"；定性评价的模糊性、主观随意性，较容易致使评价结果失真。为了解决这一问题，有必要从指标体系去定性分析各评价指标间的相互关系，根据指标间的关系去定量地选取代表性指标。这就要求将定量、定性相结合，增强指标体系设计的全面性和科学合理性，处理好定量评价和定性评价、数量评价和质量评价的关系。

在乡村教师培养工作中，政策有许多明确的数量要求，也有质性要求。"量"的要求如"五年内对全国乡村教师轮训一遍""到 2020 年前，对全体乡村教师校长进行 360 学时的培训""师范生到中小学的教育实践时间将不少于一个学期""按照班师比与生师比相结合的方式核定乡村教师编制"等等。这需要按标准进行考核计算、评价。"质"的要求如"乡村教师质量水平明显提升""让乡村教师享有应有的社会声望""使乡村教师'成为教育家型乡村教师、校（园）长'"等等。这需要做定性评价，即对培养工作的现实表现、文献资料以及乡村教师的成长情况进行历史回顾、现实观察和理性分析，直接对培养工作绩效做出定性结论的价值判断。

三、以模糊评价为补充

所谓模糊评价[①]，是一种基于模糊数学的综合评价方法，是对事物发展多种可能性的评价。由于模糊综合评价法根据模糊数学的隶属度理论把定性评价转化为定量评价，从而具有结果清晰、系统性强的特点，能较好地解决模糊的、难以量化的问题，适合各种非确定性问题的解决。模糊评价是综合性评价中必不可少的一种方法。

从目前开展的乡村教师评价情况看，评价指标较为单一，"对于教师的评价更多是依据学生的考试成绩和学业表现"，没有考虑

---

① 模糊集合理论(fuzzy sets)的概念于 1965 年由美国自动控制专家扎德（L. A. Zadeh）教授提出，用以表达事物的不确定性。模糊综合评价法是一种基于模糊数学的综合评价方法。

到乡村学校、学生和教师的特殊性，"或者说并没有意识到对于乡村教师应采取特殊的评价"①。因此，在乡村教师培养工作评价中，采用定量与定性评价相结合的方法，科学设定量化指标，抓住质性分析核心，既设置乡村教师培养中入职数量、教师队伍结构、工资待遇、教师个体及办学条件等可量化的评价指标，又要特别关注政策执行、教师素养变化等定性指标。同时，在乡村教师培养工作评价中，运用模糊评价，取得反映乡村教育发展多种可变因素影响的观察值，以确定乡村教育改革各有关方面发展状况的程度值，从而关注乡村教师培养工作的成效。

---

① 刘胡权.新时期支持乡村教师发展的民间探索[J].教师发展研究，2017(3):22.

第五章 总结性评价

总结性评价又称终结性评价、事后评价。总结性评价是以预先设定的工作目标为基准，对评价对象达成目标的程度即工作效果做出评价，通俗讲，就是"从入口看出口、从起点看变化"的质量与效果的评价。在对乡村教师培养工作进行总结性评价时，要着重抓住"输入"与"输出"两个环节，即政策制度设计与实际工作效果。

第一节 政策效能评价

政策效能评估是政策体系的重要环节。一项政策从制定、颁布到实施、终结，效果如何，是否需要调整和修正，都需要开展政策效能评价。

威廉·N. 邓恩（William N. Dunn）在《公共政策分析导论》中将政策评估界定为比较政策制定时的预想效果与政策执行产生的实际作用之间差异的过程，通过分析差异提供与政策相关的知识，为政策制定者提供一定的帮助。美国政治学家戴维·伊斯顿（David Easton，1917—2014）从输入—输出系统分析模式入手，认为政策评估为公共政策制定主体提供了"反馈"。也就是说，政策效能的评价核心在于政策执行后产生的结果和不推行政策之前结果之间的差异。一项政策能否起到真正的效用，关键在于政策评价的有效性、公正性。

对乡村教师培养工作中的政策评价，要重点抓住四个方面：

一、系统性评价

所谓政策的系统性，主要是指政策的制定、执行、载体、环境等所形成的整体。在政策效能评价中，所关注的政策系统性主要是政策本身是否以系统的形式存在。目前，我国关于乡村教师培养的政策很多，有专门的关于乡村教师队伍建设的文件，也有散见于其他文件中的意见、措施；有中央政府出台的文件，也有地方政府制定的文件；有法律层面的，也有行政层面的。因此，要从三个方面分析乡村教师培养工作的政策效能：

首先要从政策文本分析政策是否系统完整，即是否因政策功能紊乱使得政策缺乏一致性，是否因全局观念不足使得政策碎片化。关于乡村教师培养，涉及的对象、内容很多，需要有全局观念和系统思维。从文本看，近十年来，我国就乡村教师队伍建设问题的专门文件有两个，即《乡村教师支持计划（2015—2020年)》和《关于加强新时代乡村教师队伍建设的意见》，此外还有一些政策性很强的文件。考察分析这些政策的系统性，就要分析其是否既有工作理念，也有具体工作措施和目标要求；是否既涉及职前培养问题，也涉及职后培训问题；是否既涉及教师职业、教师队伍整体发展问题，也涉及乡村教师特殊的发展问题。

其次要关注政策是否连续贯通，即考察政策是否属于短期行为，是否属于暂时的权宜之计。人们对事物的认识是不断全面、深入和发展的。对于乡村教师培养，我国也经历了逐步重视、力度不断加大的过程。考察评价培养工作绩效，也要有发展的眼光。要考察政策是否持续发力、有始有终，是否只注重短期效应和一时的政绩。

再次要考察政策是否具有协调一体，即政策内部及政策与其他外部领域是否协调，是否共同发力，法律是否协调。从教育政策内部体系讲，要考察乡村教师培养的政策本体上是否使目标与措施具有很强的协调性，针对的区域是否真正体现"城乡一体、区域协调"。从教育政策与他域关系讲，要考察政策与法律等教育领域外的其他领域是否协调一致。

二、公正性评价

美国政治哲学家、伦理学家约翰·博德利·罗尔斯（John Bordley Rawls）以公平平等原则为根基提出了正义论。E. R. 豪斯（E. R. House）认为，在进行公共政策评估时必须把公正性和真实性放在首位。美国学者亚伯拉罕·卡普兰（Abraham Kaplan）曾经提出了政策规划的公平原则，其内涵包括公正无偏原则、个人受益原则、劣势者利益最大化原则、分配普遍原则。教育的公正问题日益成为一种强烈的政策导向，成为制定与评判教育政策的一个重要维度。

公正就是分配人们利益要求的价值合理性。它包括规则的公正、机会的公平、权利公平。评价教育政策的公正性或公平性，就是要评价资源分配的公平性。这种公平性在政策指标上反映的往往是公共政策对弱势群体所提供的帮助，因此，既要考察政策是否使教育利益相关人的需求和愿望形成了利益的聚集，是否有助于人们彼此间利益的协调，更要考察政策是否关照弱势群体的利益。

对于乡村教师培养，政策的公平公正是其强大的生命力。考察评价此方面的政策，就要看政策是否针对乡村教师工作、地位、待遇、成长等方面的不公平问题采取相应措施，是否真正着眼于乡村教师的快速发展。

三、精准性评价

政策的精准性是指政策在目标、对象、文本、行动、效果等方面具有精确特性和应然影响状态。"'政策精准性'从根本上源自其核心要素，即取决于对政策主体的精准规定、对政策客体的精准界定、对政策目标的精准设定、对政策工具的精准选定"①。

就教育政策而言，我们关注政策的精准性，就要关注政策的价值取向、目标定位、战略理念、工作机制、实施路径，包括在价值取向上，是否明确体现以人民为中心的价值取向；在目标定位上，是否针对乡村教育的问题设定具体目标；在战略理念上，是否创新乡村教育发展理论，着眼于全球、全国大局和长远利益；在工作机制上，是否动员社会各界力量，形成乡村教育发展的合力；在实现路径上，是否选择符合乡村教育发展的方式和具有可操作性的具体措施办法。

在考察教育政策的精准性时，我国当前教育扶贫政策提供了一种视角。党的十八大以来，党中央"提出精准扶贫的理念，并将教育扶贫作为脱贫攻坚的重要路径"，"大力发展乡村教育，成为精准扶贫在教育扶贫中的重要举措"②。乡村教育是我国教育发展的薄弱环节，大力发展乡村教育与精准扶贫思想一脉相承，也是优先发展教育战略地位的具体化。因此，在评价乡村教师培养

---

① 王春城.政策精准性与精准性政策："精准时代"的一个重要公共政策走向[J].中国行政管理,2018(1):51.

② 吴霓,王学男.党的十八大以来教育扶贫政策的发展特征[J].教育研究,2017,38(9):4.

工作的政策绩效和培养工作绩效时，既要考察教育扶贫政策的精准性，从中解剖教育政策这一"麻雀"的整体特性，又要考察乡村教师培养方面的政策，结合培养目标、现实问题、实际成效，了解政策的精准程度。

四、有效性评价

政策有效性是指政策实施所能产生的积极的社会效果。政策的有效性，是由政策的本质决定的。政策有效性的获得需要教育政策制定的科学化与民主化。要求在政策制定前期开展广泛深入的调研，把握社会大众对于相关政策的需求、期待。教育政策要有效地调整新的教育社会关系，有效地解决新的教育问题，要求必须改革教育政策活动范式，做出新的制度安排。

从政策投入产出和效果持久度两个方面评价政策的有效性。从政策投入看，着重分析政策本身的合法性、价值取向及前瞻性。"政策效能指政策的有效性，其衡量标准通常为效率（或效果）以及公平。政策效能评估从本质上讲是一种价值判断，因此建立相应的价值尺度，明确评价标准是评估政策效能的前提与基础"①。从效果持久度看，就是看影响力及其持续作用情况。"政策效果持久度的评价，即现有政策成果是否能够得以保持并继续深化扩大"②。

对于乡村教师培养工作政策，要增强政策的有效性，就要"提升乡村教师队伍建设政策支持的精准性，增强教育行政部门统

---

① 芮国强,彭伟,陈童.地方政府人才政策效能评估:以常州为例的实证研究[J].学海,2017(6):157.

② 李锡元,边双英,张文娟.高层次人才政策效能评估:以东湖新技术产业开发区为例[J].科技进步与对策,2014(21):114-115.

筹乡村教师资源配置的权限，增强乡村教师职业吸引力政策措施的运用力度"①。

综上所述，对政策的总结性评价，就要综合评价政策实施的效能，关注政策对于乡村教师培养的实际效果。

第二节　培养效果评价

培养效果就是培养工作产生的成效。评价乡村教师培养效果，维度是多元的。

一、从教师角度讲

（一）目标与效果

《乡村教师支持计划（2015—2020 年）》《关于加强新时代乡村教师队伍建设的意见》等明确提出要培养"一专多能"的本土化的乡村教师，为乡村学校培养全科教师。这一目标的内涵至少有四个方面：一专、多能、全科、本土。"一专"是指学校培养的学生或在职人员要具有专业知识，体现了教师独特的专业特质和专业化程度。"多能"是指具有适应教育及社会的多方面工作的能力。"全科"是指能兼顾多科综合性教学，具有从事复合教育的能力。"本土"就是指能扎根乡村，具有乡土情怀、为乡村服务的品质。

---

① 李玲,李伟.乡村教师队伍建设政策协同性评价研究[J].南京师范大学学报(社会科学版),2020(1):43.

为了实现这一培养目标，培养主体通过具体的培养培训措施，判定走向乡村教育岗位的师范毕业生和在职的乡村教师是否达到"一专多能"的人才规格、是否具备"全科"教学的复合能力、是否具备"乡土情怀"，以及达到这些目标的程度，是评价乡村教师培养效果的核心要素。也就是说，评价的重要维度就是评价培养目标与培养效果的符合度。

（二）举措与效果

考察培养效果，还应考察培养措施的有效度。《乡村教师支持计划（2015—2020 年)》为建设一支合格的乡村教师队伍提出了 8 项措施，《关于加强新时代乡村教师队伍建设的意见》也提出了 8 大项、21 小项措施，主要涉及政府应采取的措施、社会应给予的支持，以及高校应承担的责任。因此，要分别考察各建设或培养主体所实施措施的效果。就承担培养任务的高校而言，重点要考察培养模式及培养环节。

从培养模式上讲，定向培养是解决乡村教师结构性的缺员问题、培养乡土化乡村教师的有效办法。师范院校应积极与县级政府和乡村学校深度合作，"探索'高校定向招生、在校定向培养、回乡定向就业'的人才培养方式"①。因此，要重点考察公费定向师范生培养、"特岗"教师培养措施的效果，从乡村学校的师资结构和水平的改善情况，评价培养效果。

从培养环节上讲，要重点关注高校在课程设置上的针对性措施。比如：是否"增加学科类课程模块的比重"，是否"调整理论课程与实践课程的比例"，是否"设置课程多元化，注重'一

---

① 刘建琼,刘亚雄.办好小规模学校　提升乡村义务教育质量[N].湖南日报,2020－08－06(5).

专'的基础"，是否"基于乡村教育特点，增加一定比例的乡土课程"①，是否采取专业主辅制度培养全科素养和能力，是否强化师范生见习、实习，是否注重反思学习和培训提升。在培养环节上除课程设置与实施外，还有教育实习、教师培训、教育研习等。这些环节中的措施与效果也是密切相关的。

二、从社会影响角度讲

（一）教师对学生的影响

教师的知识结构、能力、教学水平、道德素质、人格魅力和心理素质等都对学生产生直接的或间接的影响。从这些影响程度可以反观教师培养培训后的效果。一段时期以来，人们对于评价教师时将学生成绩列为重要评价指标予以诟病，由重视形成性评价而否定终结性评价。其实，对于学生的成长，过程固然重要，但评价教师的绩效，学生成长与发展的结果是必要的依据。当然，在构建评价体系时，既要考虑"教学性"（课程成绩、升学状况等）绩效评价，又要进行"教育性"（道德品质、素养能力等）绩效评价。

（二）教师对教育和社会的影响

2018 年，《中共中央 国务院关于实施乡村振兴战略的意见》和《乡村振兴战略规划（2018—2022 年)》，将乡村振兴上升到现阶段重要的国家战略，并提出，乡村振兴，重要的是教育振兴。乡村教师处于教育振兴的关键位置，要让乡村教师有效投入到乡

---

① 王榕.素质教育背景下对"一专多能型"乡村教师培养的理论思考 [J].楚雄师范学院学报,2019,34(5):159.

村教育振兴中去，为乡村振兴服务。2020 年，教育部等六部门《关于加强新时代乡村教师队伍建设的意见》提出，要"注重发挥乡村教师新乡贤示范引领作用，塑造新时代文明乡风，促进乡村文化振兴"。因此，乡村教师是教育的主力军，是乡村文化的延续者和新时代乡村思想精神的引领者。"乡村教师的高质量、高水平发展是我国乡村教育事业发展的内生动力"[1]。

那么，乡村教师对乡村教育及乡村社会的实际影响作用如何？这需要科学地评价。但不管如何评价，都能通过这一评价反观乡村教师培养政策的有效度、乡村教师培养工作的效果。比如：乡村教师社会地位是否提高、乡村教师待遇是否提高、乡村教师对于乡村教育和乡村社会的贡献度有多大。

本篇小结

关于评价的结构或维度，根据先进的教育评价理论和国家关于教育评价改革的要求，本书不仅探讨了如何在乡村教师培养工作评价中实施形成性评价（过程评价）、增值性评价、综合性评价、总结性评价（结果评价），而且重点探讨了如何开展配置性评价。因为配置是乡村教师培养工作的顶层设计和条件支持，配置性评价能更全面地考察培养工作的前提、基础，更准确地把握培养工作起点与终点的关联性，为评价指标设计和评价体系的建立提供了先决条件。

---

[1] 于铁夫.乡村教育振兴背景下乡村教师面临的困境与对策[J].吉林省教育学院学报,2019,35(11):47.

第四篇 评价指标和内涵

　　指标是将具有原则性、概括性和抽象性特征的评价目标，逐级分解，使之最终成为具体的、行为化和可测的分目标。内涵是指一个概念所反映的事物的本质属性的总和，也就是概念的内禀。评价指标的内涵一般通过"主要观测点"来细化指标的主要属性和内容。

　　本篇在前文论述的评价维度的基础上，就乡村教师培养工作的各主体的职责和要求，阐述评价指标的主要内涵。

第一章 条件类评价指标内涵

　　条件指乡村教师培养的条件，主要涉及政策法规、基本条件（保障条件）、培养方案及培训制度。

第一节 政策法规评价指标内涵

一、指标设计原则

　　广义的政策评估，包括对政策的事前、事中和事后评估三种类型。在配置性评价中，政策法规的评估主要是政策法规方案本身的设计、配置情况的评估，即事前评估或基础条件评估。当然，还应通过事中政策法规落实执行情况考察其效能、通过事后产生的绩效反观政策法规配置的效益。

美国政治学家 P. 狄辛将人类社会所追求的技术理性、经济理性、法律理性、社会理性、实质理性作为政策评价的标准。其中，法律理性就是评定政策是否符合成文的法律规范和各项先例，以探讨政策在社会上的合法性问题；社会理性就是断定政策的内容是否与社会上流行的规范与价值一致，分析政策在维持社会制度中所做出的贡献。这为政策法规的配置性评价提供了启示。

设计政策法规配置性评价指标，可综合考虑如下基本原则：

（一）一般性原则

1. 指引性原则。指引就是通过某种手段或方法带动、引导事物的发展或目标的实现。评价政策法规的配置情况，就是评价政策法规在顶层设计中的立足点、出发点及其归宿。考察其是否具有较强的引导性，就是看政策法规制定主体是否以价值导向为宗旨，通过政策法规的配置，为实现组织目标起到引导和促进作用。

2. 科学性原则。所谓"科学"就是政策法规的设计和配置必须能够反映党政宏观指导、管理和社会运行的基本规律，体现政党、政府、司法机构等的基本理念、基本经验、根本宗旨以及理论创新。对其配置评价就是评价政策法规的正确性、合理性、全面性，评价其根本价值导向的科学性和实践意义。因此，要注重客观评估和主观评估相结合，既需要评估政策法规客观上"做出了什么"，即对政策法规实施过程所产生的客观事实进行评价；也需要评估主观感受上"做得怎么样"，即目标群体对政策执行效果主观感受的评价，也即政策法规所针对的对象的满意度、获得感。

3. 可行性原则。可行性是指政策法规的设计、配置从政党、政府职能出发，具有实践性和实际意义。因此，考察配置性指标就是既要考察其价值取向和代表性，又要兼顾指标的可操作性，同时，要注重当前评价与未来调整相结合，考核政策法规是否不仅立足于对现实情况的评估，还预留对政策调整修订的空间，具有较强的协调性。

4. 系统性原则。政策法规的配置必须立足全局、全面，是系统完整的。因此，其评估指标体系也是一个结构完整、功能齐全的系统。在指标设计上要注重各指标间的逻辑关系，体现该指标理论上的必要性和实践上的需求性。

5. 一致性原则。政策法规的配置评价就是为了检验政策法规制定主体在特定历史时期与其战略目标匹配的程度、与社会需求之间的匹配程度，检验政策法规的可行性。因此，在指标设计中要注重指标体系的构建与被评估的组织战略目标保持高度一致。

6. 可测性原则。可测性是指所设计的指标都是可以实际测量和观察的，能够获得明确的结论，主要包括定性指标和定量指标。设计政策评估指标需采取"定量＋定性"方法。采用定量指标，体现定量指标的客观性和说服力；采用定性指标，提高评估结果的全面性和准确性。

（二）特殊性原则

1. 职能匹配原则。职能匹配是指政策法规与制定主体的职能相称。越权、滥权、失权都不能更好地体现政策法规的合法性和有效性。因此，在设计政策法规配置性评价指标即政策条件类评价指标时，还应依据制定主体的职能职责。"评估指标的设计必须与部门的事业规划有着密切的联系，与政府及其政府部门的任务高度相关，所以绩效指标设计必须遵循职能匹配原则"①。"各级政府要以自身条件，因地制宜地制定相关创新政策，其中最为关键的政策管理创新，也就是在增强政策本身创新的基础上，注重政策管理机制与实施机制的创新，让创新政策有效落地"②。

2. 适时性原则。政策法规的配置要具有针对性，就必须灵活适度、精准导向，能根据基本形态和客观需求适时调配政策，增强政策法规的调节力度，把握政策法规的调节的节奏。一方面，政策法规的配置需要与时俱进，能在特殊时期适度调整政策，要有时代性、创造性；另一方面，能根据不同历史时期不同的价值取向和政府不同的工作重点，不断创新开拓，加大政策支持力度。

3. 地方性原则。除重点对中央政策配置评价外，还应关注地方相关党政司法机构出台的政策法规。地方政策法规的配置重点要看是否因地制宜，符合地方实际。设计政策法规配置评估指标，必须深入研究当地具体情况，充分考虑不同地方自然因素、历史条件和现实基础的差别，相应地对地方政策法规采用相对灵活的评价指标，体现指标的全面性、科学性、灵活性等特点。

根据以上原则，在设计政策法规配置性评价指标时，要依据乡村教师培养工作的评价标准，体现其多样性、层次性、可操作性。"以教育政策评估对象为依据，可以将一级指标分为教育政策主体、教育政策客体、教育政策环境三个指标"③。同时，注重政

① 王鑫.构建地方政府绩效评估指标体系的原则[J].党政论坛,2012(10):32.

② 郎玫.大数据视野下中央与地方政府职能演变中的匹配度研究:基于甘肃省14市(州)政策文本主题模型(LDA)[J].情报杂志,2018,37(09):85.

③ 王素荣.教育政策评估指标体系研究[J].教育理论与实践(学科版),2006(03):8.

策法规适用性评价,增强政策法规配置评价的针对性。"适用性评价指标体系由准则层方面的 4 个一级评价指标构成,分别是程序过程研制、内容结构编排、预期目标制定、可行预测调控"①。

二、指标主要内涵

(一)社会参与度

指政策法规配置是否得到社会的广泛参与。政策法规出台前,必须为社会各个阶层和各个方面表达自己的意愿,提出政策法规问题,提供多种畅通的途径和渠道;必须建立专门的信息反馈系统,确保信息的客观真实与全面,为政策法规问题的配置提供依据;必须强化政策法规研究机构的政策法规咨询功能,建立严格的决策制度和决策程序,以确保决策的科学民主。

(二)政策回应度

即政策法规对公众需求的满足程度。政策法规必须回应社会的广泛关注,回应特殊群体的实际需要,回应本项工作未来发展的要求。因此,其重点不在于政策法规的制定和执行的形式上,而在于政策法规的具体内容和实际效果。这种回应度往往以公众的满意度来衡量,就是考核政策法规的充足性和公平性。充足性即满足人们需要、价值或机会的有效程度;公平性即政策法规所投入的工作量,以及产生的绩效在社会不同群体之间公平分配的程度。

乡村教师政策评价的根本目标是要推动乡村教育质量的提升。

---

① 吕红.高等教育质量标准体系适用性评价研究[J].教育学术月刊,2016(11):83.

因此，乡村教师培养工作方面的政策法规必须回应各方利益诉求，要综合分析和考虑中央政府、地方政府、乡村教师、乡村学生等方面的实际需要，包括党和国家推进基础教育改革的整体利益诉求（即化解城乡教育公平问题、大力发展乡村教育）、地方政府的区域利益诉求（即科学调配教育资源、促进乡村教育发展）、乡村教师自我发展的个体利益诉求（即经济社会地位的提升、促进自我专业发展）、乡村学生发展的个体利益诉求（即获得优质教育、满足升学和可持续发展）。因此，在确定评价指标内涵时，要充分考虑政策法规是否回应了各方的利益诉求。同时，"根据相关理论与实践经验，可将乡村教师政策评估活动划分为政策评估规划、政策评估技术和政策评估执行三个部分，分别对其进行评价"①。

（三）政策适宜度

政策法规的适宜性即政策法规目标和所表现出的价值偏好，以及所依据的假设是否合适，是否满足可持续发展的要求。具体地说，政策法规所追求的目标是不是社会期望的，其成本与利益分配是否公平、公正。因此，要考察政策法规是否有利于生产力的解放和发展；是否反映出政策成本和收益在不同群体或阶层中间分配的公平程度；是否处理好了当前利益与长远利益、局部利益与整体利益、经济利益与社会政治利益的关系，使政策活动符合社会可持续发展的基本价值准则。

对乡村教师培养工作政策法规的评价，重点考核政策法规文本是否具有确定性、政策法规体系是否具有一致性、政策法规制

---

① 殷赵云,王斌.乡村教师政策后设评价的实施构想:目标和策略[J].教师教育学报,2019(6):74.

定程序是否具有法定性。乡村教师培养工作政策法规评估的价值标准应凸显公平性标准和促进人全面、和谐发展的标准。

（四）政策的效能度

对政策法规配置评价离不开政策法规执行效能和结果效益的评价。执行评价就是检视政策法规执行过程是否按原定政策方案施行，审核方案的继续执行能否达到预期的目标。后果评价是对教育政策执行后的产出（output）以及所产生的影响（impact）所做的价值判断。它包括政策效果评价、政策效益评价、政策影响评价等。政策法规效果评估指标的确定最终在于其应用，并根据结果确定政策法规的走向，将评估结果作为其持续、优化或终结的重要参考因素。

对乡村教师培养工作政策法规的配置情况评价，通过政策法规执行评价，反观政策法规配置的科学性和适宜性；通过政策法规产生的后果评价，反观政策法规的针对性和有效性。比如，乡村教师编制问题是乡村教师培养发展中的重要问题，在评价体系中必然涉及这一指标。那么，其内涵主要在于是否落实、落实得怎么样。《乡村教师支持计划（2015—2020年）》提出要"统一城乡教职工编制标准。乡村中小学教职工编制按照城市标准统一核定，其中村小学、教学点编制按照生师比和班师比相结合的方式核定"。那么，在执行该政策过程中，各地落实情况如何，是否"城乡统一"、是否全面落实和有效解决？如果执行有困难，或者执行打折扣，要么说明政策制定缺乏深入调研，要么说明政策效能不高。

第二节　保障条件评价指标内涵

保障条件是指乡村教师培养所需的基础性条件，既包括物质条件，也包括其他鼓励性的精神条件。作为配置性条件，考核保障条件有利于更全面地评价乡村教师培养工作的物质基础、生态环境。

一、指标设计依据

对保障条件的评价，依据是国家有关乡村教育建设和发展以及乡村教师培养保障条件的配置和建设情况，主要包括学校建设标准、学校管理规定、师资队伍建设保障经费，以及其他促进乡村教师发展的必要条件。

（一）学校建设标准

农村学校建设标准与乡村教师队伍建设及发展有着密不可分的关系。乡村学校建设得好，乡村教师自我发展将得到有力支持。反之，乡村教师培养和发展将受到严重影响。

关于农村学校的建设，国家出台了一系列文件。主要有：

1996 年 12 月 20 日，中华人民共和国建设部、中华人民共和国国家计划委员会、中华人民共和国国家教育委员会联合发布《关于批准发布〈农村普通中小学校建设标准（试行）〉的通知》（建标〔1996〕640 号）。2008 年 9 月 3 日，中华人民共和国住房和城乡建设部、中华人民共和国国家发展和改革委员会关于批准发布了教育部负责编制的《农村普通中小学校建设标准》的通知（建标〔2008〕159 号）。该标准就建设规模与项目构成，学校布局、选址与校园规划，建设用地指标，校舍建筑面积指标，校舍主要建筑标准五个方面做了明确规定。

2012年，根据国家《教育规划纲要》的部署，教育部启动实施义务教育学校标准化建设项目，通过完善义务教育长效机制，实施薄弱学校改造计划、初中工程等项目，缩小中西部地区城乡、区域间义务教育学校建设的差距，推动义务教育学校标准化建设。

2018年9月26日，中共中央、国务院发布了《乡村振兴战略规划（2018—2022年）》，提出要"统筹规划布局农村基础教育学校，保障学生就近享有有质量的教育"，要科学推进义务教育公办学校标准化建设，全面改善贫困地区义务教育薄弱学校基本办学条件，加强寄宿制学校建设，提升乡村教育质量，实现县域校际资源均衡配置，并对农村学前教育、特殊教育，民族地区乡村中小学、高中阶段教育普及，农村的职业教育等提出了建设措施。

2018年4月25日，《国务院办公厅关于全面加强乡村小规模学校和乡镇寄宿制学校建设的指导意见》提出要完善办学标准，要保障小规模学校信息化、音体美设施设备和教学仪器、图书配备，设置必要的功能教室，改善生活卫生条件。从完善编制岗位核定看，对小规模学校实行编制倾斜政策，按照生师比与班师比相结合的方式核定编制；从提高乡村教师待遇看，进一步落实和完善乡村教师工资待遇政策，核定绩效工资总量向乡村小规模学校适当倾斜；从改革教师培养培训看，要适应一些乡村小规模学校教师包班、复式教学需要，注重培养一批职业精神牢固、学科知识全面、专业基础扎实的"一专多能"乡村教师；从加大经费投入角度看，要切实落实对乡村小规模学校按100人拨付公用经费标准增加公用经费补助政策，中央财政继续给予支持。

相关政策还有2013年出台的《教育部　国家发展改革委　财政部关于全面改善贫困地区义务教育薄弱学校基本办学条件的意

见》（教基一〔2013〕10 号），2014 年 7 月 18 日发布的《教育部办公厅　国家发展改革委办公厅　财政部办公厅关于印发全面改善贫困地区义务教育薄弱学校基本办学条件底线要求的通知》，2017 年国务院教育督导委员会办公室印发的《关于开展 2017 年全面改善贫困地区义务教育薄弱学校基本办学条件工作专项督导的通知》，2017 年发布的《教育部　财政部关于进一步加强全面改善贫困地区义务教育薄弱学校基本办学条件中期有关工作的通知》（教督〔2017〕9 号）。

（二）学校管理标准

2017 年 12 月 4 日，为了整体提升义务教育学校管理水平，加快推进教育现代化，教育部正式印发《义务教育学校管理标准》，其基本内容包括：保障学生平等权益、促进学生全面发展、引领教师专业进步、提升教育教学水平、营造和谐美丽环境、建设现代学校制度等 6 大管理职责、22 项管理任务、88 条具体内容。

（三）经费保障

2015 年 4 月 1 日，国务院办公厅发布的《乡村教师支持计划(2015—2020 年)》专门就乡村教师培养经费要求"加强经费保障"，要求中央财政通过相关政策和资金渠道，重点支持中西部乡村教师队伍建设。地方各级人民政府要积极调整财政支出结构，加大投入力度，大力支持乡村教师队伍建设，要把资金和投入用在乡村教师队伍建设最薄弱、最迫切需要的领域，切实用好每一笔经费，提高资金使用效益，促进教育资源均衡配置。

（四）其他措施

2020 年 7 月 31 日，教育部等六部门联合发布《关于加强新时代乡村教师队伍建设的意见》（教师〔2020〕5 号），系统提出了乡村教师队伍建设的保障措施。如：教师教育模式、编制核定、乡村教师生活补助、职称（职务）评聘、教师流动、能力素质提升、荣誉制度、拓展职业成长通道、提高地位待遇、优化在乡村建功立业的制度和人文环境等等。

二、指标内涵

对保障条件的评价，关键要明确指标的核心内容。主要有：

（一）条件的适切性

适切就是指适合、切合、合适。20 世纪美国教育家、高等教育哲学理论的奠基人约翰·塞勒·布鲁巴克（John Seiler Brubacher）曾从高等教育哲学的角度提出了课程内容和课程结构适切性的问题，以此考察影响高等教育的质量和效率的因素。乡村教师培养工作所配置的条件的适切性如何，主要从时间、空间、对象三个维度观测。适时，就是在什么时期适用，包括当前是否适宜和对未来是否适用；适地，就是在什么地方适宜，是适宜整体还是适宜局部；适人，就是对谁适用。无论从哪个维度观测，都要看条件是否"适中"。并不是越好的、越超前的就是合适的，而是与客观实际所需的才是最匹配的、最适切的。比如，在乡村教师配备上，必须结合乡村教育需要，探索构建招聘和支教等多渠道并举局面，引导高端人才、骨干教师踊跃到乡村支教，而不是具有博士学历人员到乡村学校任教。又比如，教育部等六部门《关于加强新时代乡村教师队伍建设的意见》提出"五年内对全国乡村教师轮训一遍"。这是一种美好的制度设计。但是，乡村学校在实际执行中往往有诸多困难，需要县级教育行政部门、财政部门与培养高校合力解决。如果培训经费不到位、转换岗位得不到落实，这一保障条件就会有些不合时宜。

（二）条件的有效性

有效性是指完成策划的活动和达到策划结果的程度，即目标达成度。对乡村教师培养工作的保障条件的评价，就是评价这些条件、资源是否充分发挥了它的潜能，是否确保了最重要、最关键方面的迫切需要。比如，在乡村学校建设上，所配置的有关完善义务教育长效机制、实施薄弱学校改造计划、县域校际资源均衡配置等条件措施所产生的效益如何，是否为稳定乡村教师发挥了积极作用；在完善乡村教师工资待遇政策、编制核定、职称（职务）评聘、能力素质提升、荣誉制度、拓展职业成长通道等方面的配置条件所产生的效益如何，是否促进了乡村教师的专业成长。这些都应成为评价观测的重点内容。

总之，保障条件既要合时宜，又能基本解决实际问题。"高大上"的政策虽然会对未来发展起到指引作用，但不一定能解决当前问题，还可能增添一定的负担，从而降低了配置条件的适合度、有效度。

第三节　培养方案评价指标内涵

大中专院校（尤其是师范院校）的师范专业人才培养方案，是学校落实党和国家关于基础教育教师培养的总体要求，是组织开展教学活动、安排教学任务的规范性文件，是实施人才培养和开展质量评价的基本依据。其核心内容主要是职业面向、培养目标、培养规格和课程设置。配置性评价必然要对师范专业培养方案进行评价，观测这一培养方案对乡村教师培养所产生的作用。

那么，该评价的主要指标和内涵有哪些？

一、培养目标

培养目标，是指依据国家的教育目的和各级各类学校的性质、任务、层次提出的具体培养要求。高校师范专业的培养目标总体要求就是培养教师。不同的高校，其师范专业的培养目标有共同之处，也有一定的差异。正因如此，首先有必要就培养目标探讨几个理论问题。

（一）培养目标的定位问题

最新的有关师范专业培养目标的文件源自 2017 年 10 月 26 日教育部印发的《普通高等学校师范类专业认证实施办法（暂行）》。该办法中的"认证标准（二级）"是国家对专业教学质量的合格要求，"认证标准（三级）"是国家对专业教学质量的卓越要求。就培养目标讲，培养目标就是要贯彻党的教育方针，面向国家、地区基础教育改革发展和教师队伍建设重大战略需求，落实国家教师教育相关政策要求，符合学校办学定位。其中，目标定位就是该专业为什么区域、什么类型的学校，培养什么层次、什么类型的教师，它要求以青少年发展与教育领域为服务面向，系统设计立足基础教育，符合国家、地区基础教育改革发展和学校人才培养的专业服务面向与人才定位；要求培养目标定位应对接学校的办学定位，符合学校的发展规划；要求人才培养目标定位应能够体现国际基础教师培养的新趋势，体现与本专业相关基础学科教育发展的新动向，具有可行性和前瞻性。

为此，师范院校在专业培养目标定位中，既要体现本科师范专业的一般属性，又要体现地域、学校层次的特殊性。在考察重点师范大学和地方师范院校的师范专业人才培养目标时，发现绝大多数提出要为基础教育培养合格师资，有的提出要培养卓越教师，但是，鲜少明确提出为乡村教育培养师资。只有一些定向培养班或师范专科学校才明确为乡村培养教师。值得肯定的是，一些地方院校依据《关于加强新时代乡村教师队伍建设的意见》，对教师教育进行了改革探索。如肇庆学院"对准新时代乡村教育发展的实际需要进行教师教育改革。在人才培养方案上要精准设计，大胆进行课程创新、教学创新、协同创新，……开展卓越乡村教师的精准培养"[①]。

(二) 对几个具体培养目标的认识问题

关于师范专业的培养目标，目前有多种提法。非常有必要厘清"合格基础教育教师""优秀（或卓越）基础教育教师""乡村教师""乡村卓越教师"4个概念。

1．"卓越教师"

在2012年12月《教育部 国家发展改革委 财政部关于深化教师教育改革的意见》（教师〔2012〕13号）出台前，大多数师范院校提出培养"合格的基础教育教师"。2014年8月18日，《教育部关于实施卓越教师培养计划的意见》（教师〔2014〕5号）中提出，要培养卓越中学、小学、幼儿园、中等职业学校、特殊教育教师。2018年9月17日，《教育部关于实施卓越教师培养计划2.0的意见》（教师〔2018〕13号）中明确提出要通过实施卓越教师培养，"培养造就一批教育情怀深厚、专业基础扎实、勇于创新教学、善于综合育人和具有终身学习发展能力的高素质专业化创新型中小学（含幼儿园、中等职业学校、特殊教育学校，

---

① 肖起清.培养新型乡村教师促进专业发展[N].中国教育报,2020 - 09 - 09(7).

下同）教师"，"到 2035 年，师范生的综合素质、专业化水平和创新能力显著提升，为培养造就数以百万计的骨干教师、数以十万计的卓越教师、数以万计的教育家型教师奠定坚实基础"。

2."乡村教师"

什么是乡村教师？乡村教师是指在乡村学校工作的教师，出现于 20 世纪五六十年代，当时为解决农村教育问题，各级政府采取措施，大量招收乡村教师。《乡村教师支持计划（2015—2020年)》对此也下了明确定义，即"乡村教师包括全国乡中心区、村庄学校教师"，并从乡村教师队伍建设整体目标提出要培养"素质优良、甘于奉献、扎根乡村"的乡村教师。对于培养什么样的乡村教师，陶行知先生早就提出："乡村教师要怎样才算好呢……他足迹所到的地方，一年能使学校气象生动，二年能使社会信仰教育，三年能使科学农业著效，四年能使村自治告成，五年能使活的教育普及，十年能使荒山成林，废人生利。这种教师就是改造乡村生活的灵魂。"[1] 他还在《湘湖教学做讨论会记——罗谦笔记》中提出乡村师范学校的总目标是"培养乡村人民儿童所敬爱的导师"，分目标有五个，即"康健的体魄、农人的身手、科学的头脑、艺术的兴味、改造社会的精神"[2]。这里分别对应着体、技、智、艺、德。

3."乡村卓越教师"

正因教育部倡导培养"卓越教师"，一些学校或专家学者提出要培养"乡村卓越教师"。代表性的有：

---

[1] 陶行知.试验乡村师范学校答客问[M]//陶行知全集:第二卷.成都:四川教育出版社,1991:104.

[2] 徐莹辉,徐志辉.陶行知论乡村教育[M].成都:四川教育出版社,2010:125.

（1）阜阳师范学院胡习之在《卓越乡村教师培养的路径——以阜阳师范学院文学院卓越教师计划为例》一文提出："'卓越乡村教师'这个概念在不同语境下其内涵并不一样。卓越乡村教师培养语境下'卓越乡村教师'的内涵应为'具有卓越潜质、在乡村任教且认同乡村文化的教师'。"①

（2）湖南第一师范学院王建平在《农村卓越教师培养的理性思考》一文中指出："农村卓越教师有着独特的价值内涵，即扎根农村的教育情怀，'一专多能'的知识能力结构，深谙自然主义教育思想，较强的农村教育研究能力。"②

（3）盐城师范学院院长戴斌荣2018年9月在北京师范大学出版社出版了《乡村卓越教师的培养》，时任教育部教师工作司司长王定华肯定了该校提出的要培养乡村教师的目标定位，即"'四有品性'（有理想信念、有道德情操、有扎实知识、有仁爱之心）、'三维动力'（融入乡土社会的内驱力、立足乡村学校的发展力、关爱乡村学生的行动力）"③。

（4）江苏第二师范学院王仁雷等在《卓越乡村教师培养体系的建构与实践——以江苏第二师范学院培养模式为例》一文中认为："'卓越乡村教师'属于职前类别，'卓越'是假设的未然状态，准确地说应该是'培养具有卓越潜质的，在乡村任教且具有

---

① 胡习之.卓越乡村教师培养的路径:以阜阳师范学院文学院卓越教师计划为例[J].阜阳师范学院学报(社会科学版),2017(4):146.

② 王建平.农村卓越教师培养的理性思考[J].湖南第一师范学院学报,2018(1):25.

③ 戴斌荣.乡村卓越教师的培养[M].北京:北京师范大学出版社,2018:3.

乡村教育情怀的教师'。"①

（5）长江师范学院教育学博士周大众在《乡村定向师范生卓越潜质提升：内涵、价值与路径》中提出："对于乡村定向师范生的卓越潜质提升有着潜在且必要的规定性，表现在'亲和乡土'的人文素养、'志乡村教育之业'的情怀、'协同内外'的资源整合能力、'实践—反思—提升—表达'的行动能力等四个方面，这突出展示了乡村定向师范生卓越潜质提升的价值追求。"②

（6）肇庆学院付兰在《卓越乡村教师特质的培养途径及制度保障》一文中提出："卓越乡村教师应具备的特质是'乡土性'，包括熟悉热爱乡村生活，传承发展乡土文化，拥有乡村教师专业发展自信。"③

综上所述，教育部倡导要培养"卓越教师"是基于着力提升师范生能力和素质，引领了师范院校深化教育教学改革。一些学校或学者提出要培养或如何培养"卓越乡村教师"，增强了人才培养的针对性，体现了浓厚的乡村教育情怀。但是，有的地方师范院校教师教育培养目标定位过高，一些师范院校不屑为农村、乡村培养教师。在高等教育从精英化向大众化的转型时期，在乡村教育师资队伍紧缺或师范生就业结构性矛盾突出时期，如果单从提升质量强调"卓越"而未能确保满足基本需要，那么，师范院校的培养目标定位有失偏颇。实际上，师范院校培养的师范生还只是"准教师"或学历合格的教师，优秀的师范生也只是具备

① 王仁雷,宋雅,潘文,等.卓越乡村教师培养体系的建构与实践:以江苏第二师范学院培养模式为例[J].江苏第二师范学院学报,2019(3):2.

② 周大众.乡村定向师范生卓越潜质提升:内涵、价值与路径[J].当代教育论坛,2019(5):40.

③ 付兰.卓越乡村教师特质的培养途径及制度保障[J].当代继续教育,2020,38(1):26.

"优秀教师"或"卓越教师"的潜质。王振存在《师范院校教师教育培养目标定位问题探析》中所说"师范院校教师教育的培养目标应从培养优秀教师调整为培养合格教师，把全部师范生培养成为合格的教师，使其拥有一个合格教师应具备的基本素质，使其具备将来发展成为优秀教师应具备的最基本的素质"[①] 是有一定道理的。

那么，在乡村教师培养工作中，从配置评价角度对高校师范专业培养方案的"培养目标"评价应如何开展？根据《中学教育专业认证标准》《小学教育专业认证标准》《学前教育专业认证标准》，其核心评价指标及其内涵就是：是否明确提出为乡村培养基础教育教师；是否立足于地方需要；是否符合专业服务面向。

二、毕业要求

毕业要求是对学生毕业时应该掌握的知识和能力的具体描述，包括学生通过本专业学习所掌握的知识、技能和素养。作为培养目标的支撑，毕业要求必须反映毕业生发展预期，即对本专业毕业生在毕业五年左右能达到的职业成就的总体描述。根据师范专业认证标准，师范毕业生的毕业要求应涵盖四个方面的内容，即践行师德（师德规范、教育情怀），学会教学（知识整合、教学能力、技术融合），学会育人（班级指导、综合育人），学会发展（自主学习、国际视野、反思研究、交流合作）。

那么，在师范专业的人才培养方案中，应该对毕业要求有完整的、切实的描述。作为乡村教师培养配置条件，培养方案中"毕业要求"必须具有价值引领、灵魂塑造，体现培养规格。因

①　王振存.师范院校教师教育培养目标定位问题探析[J].河南教育学院学报(哲学社会科学版),2011,30(02):42.

此，在以该指标进行评价时，要考察的内容主要有：

（一）素质培养

据中国新闻网 2015 年 6 月 8 日报道，教育部有关负责人指出："乡村教师队伍面临职业吸引力不强、补充渠道不畅、优质资源配置不足、结构不尽合理、整体素质不高等突出问题，制约了乡村教育持续健康发展。"在乡村教师素质培养方面，要着眼于"一专多能"。"'一专'是指教师对于某一专业具有较深的理论知识、系统的方法和熟练的专业技能，'多能'意味着教师以原有专业为拓展点，发展多个专业或领域的能力，能够胜任多个角色，运用综合素质和能力，解决学校现有问题，提高学生的培养质量"①。也就是说，既要重视教师的横向发展，立足本学科专业，拓展与专业相关的其他学科的教学能力，也要注重教师纵向发展，延伸专业、跨越发展。

因此，要考察是否注重师范生素质与能力的拓展，考察是否采取"主辅修制度"培养"一专多能"或"全科"教师。按照"基础厚、素质高、能力强、适应广"的要求，采取"全科培养、免费教育、定向就业"培养模式，优化课程设置，加强实践教学力度，强化师范生职业训练，培养全科型小学教师。按照"知识博、技能硬、适应强"的要求，采取"主辅修"或"双学位"培养模式，培养乡村中学教师。同时，要依据乡村教育的需要，强化师范生的乡村教育调研、顶岗实习、支教助教环节，培养师范生的适应乡村教育、反思乡村教育、研究乡村教育的能力，提升从事乡村教育的内在职业品质。也就是说，要考察师范生是否具

---

① 温晓琼,唐林伟.乡村"一专多能"职教师资培育系统及评价体系建构[J].职教论坛,2019(9):86.

有"浓乡型"素养，是否具有"扎根乡村的角色意识、领悟乡村的思辨能力、适合乡村的教育手段、感知乡村的表达方式、融通乡村的交流风格、契合乡村的教学艺术"①。

（二）主体意识

师范生的"毕业要求"要特别重视师范生"教育情怀"的培养。首先要引导师范生高度认同乡村教育、乡村教师。只有认同乡村教育这一领域、认同乡村教师这一职业，师范生才会在学习过程中有明确的目标和坚定的信念。其次，培养师范生的乡村教育情怀，就要引导师范生为乡村教育确立"捧着一颗心来，不带半根草去"的初心，强化其为乡村教育的奉献精神和及服务意识。再次，作为情怀和品质的内在要求，使命感与责任感的培养至关重要。要加强对师范生使命感和责任感的培养，坚定理想追求和信念，从内心去关注乡村教育的未来，获得自我心理认同和成就感，从而实现人生价值。总之，要"增强乡村教师的主体意识""注重师范生的本土化培养""树立专业自觉和职业自觉"②。

因此，要高度重视这一评价指标，准确把握其内涵要求，考察培养方案中高校师范专业培养和强化师范生的乡村教师"教育情怀"或乡村教师"主体意识"，主要有四个方面：一是师范生是否具有从事乡村教育的意愿；二是师范生是否认同乡村教师工作的意义和专业性；三是师范生是否能情系乡村学生；四是师范生是否具有振兴乡村的责任感和使命感。

---

① 周明星,周先进,高涵.乡村职业教育呼唤"浓乡型"教师[N].中国教育报,2015－12－17(9).

② 史志乐.促进乡村教师队伍建设整体提升[N].中国教育报,2018－08－31(2).

三、课程设置

课程体系设置是师范专业培养方案中的重要内容，课程又是教师培养的主要载体。因此，在评价配置情况时，主要从课程结构、内容等方面进行考察。

（一）课程结构

总体上说，师范专业的课程设置应符合基础教育教师专业标准和教师教育课程标准要求，跟踪对接基础教育课程改革前沿，能够支撑毕业要求和培养目标的达成。

在评价课程结构时，要重点考察是否体现通识教育、学科专业教育与教师教育深度融合，理论课程与实践课程、必修课与选修课的设置是否合理，各类课程学分比例是否恰当，尤其是教师教育课程是否达到教师教育课程标准规定的学分要求。此外，还要特别关注两个方面。一是校本特色课程设置情况，要特别关注是否针对乡村教育的实际、地方文化设置校本特色课程，提升学生核心素养，增强从事乡村教育的职业能力。二是第二课堂教学情况，要特别关注是否将"第一课堂"知识延伸式纵向教学和"第二课堂"素质拓展式横向实践紧密结合，要拓展评价内涵，"将教师指导学生课外学习、学术活动、实习实训、竞赛展演、书院教育、创新创业、生涯教育、社会实践、社团活动、心理辅导、就业引导等第二课堂育人工作纳入育人评价范畴"①。

（二）课程内容

对课程内容的考核，重点要看课程内容是否注重基础性、科

---

① 焦扬.推动"四个贯穿"构建高水平人才培养体系[J].中国高等教育,2020(6):6.

学性、综合性、实践性，是否把社会主义核心价值观、师德教育有机融入课程教学中，是否注重师范生的主体参与和实践体验，是否注重以课堂教学、课外指导提升自主学习能力，是否注重应用信息技术推进教与学的改革，是否重视技能训练课程教学（如师范生"三字一话"等从教基本功训练），是否具有教师教育特色的校园文化活动，是否有利于养成从教信念、专业素养与创新能力。

此外，要考察教材的选用情况。对师范生和未来乡村教师的培养，要求选用优秀教材，吸收学科前沿知识，引入课程改革和教育研究最新成果、优秀基础教育教学案例，结合师范生学习状况及时更新、完善课程内容，形成促进师范生主体发展的多样性、特色化的课程文化。

四、合作与实践

对培养方案的配置情况评价，还要考察是否体现合作培养，是否突出实践教学环节。

一是考察培养方案是否体现协同育人。乡村教师的培养要求高校与地方教育行政部门和中小学建立权责明晰、稳定协调、合作共赢的"三位一体"协同培养机制，要求协同制定培养目标、设计课程体系、建设课程资源、组织教学团队、建设实践基地、开展教学研究、评价培养质量，形成教师培养、培训、研究和服务一体化的合作共同体。设计该评价指标及其内涵，旨在评价培养机制和培养模式切合乡村教师培养需要，评价培养方案配置的针对性。

二是考察是否具备完整的实践教学体系。对师范生的培养要求专业实践和教育实践有机结合，教育见习、教育实习、教育研习递进贯通。要考察其教育实践时间累计是否不少于一个学期，是否保证了师范生实习期间的课时数和上课类型。设计该评价指标及其内涵，旨在评价实践教学体系及教育实习的要求是否能确保乡村教师培养的特殊要求。

三是考察是否实行"双导师"制。对师范生的培养要求实行高校教师与优秀基础教育的教师共同承担教师教育课程教学和指导教育实践的"双导师"制度，既要考核基础教育教师承担教学任务情况（基础教育兼职教师占教师教育课程教师比例不得低于20%），还要考核实际指导师范生教育实习过程与效果。设计该评价指标及其内涵，旨在评价在乡村教师培养中是否重视发挥在职乡村优秀教师的作用，评价培养方案和培养工作的适切性。

四是考察是否建立管理评价机制与制度。要求对师范生的实践教学环节实行全过程质量监控，既要有教育实践标准，又要有教育实践评价与改进制度，注重过程评价与成果考核评价相结合，对实践能力和教育教学反思能力进行科学有效的评价。设计该评价指标及其内涵，旨在评价考核培养方案的有效度和培养工作中质量监控的保障度。

第四节　培训制度评价指标内涵

教师培训是加强教师队伍建设的重要环节，是推进素质教育、促进教育公平、提高教育质量的重要保证。但是，教师培训制度有待完善，支持保障能力建设亟待加强。关于教师培训，教育部近些年出台了一系列文件，主要有 2011 年 1 月 4 日印发的《教育部关于大力加强中小学教师培训工作的意见》（教师〔2011〕1

号）和 2018 年 2 月 11 日《教育部等五部门关于印发〈教师教育振兴行动计划（2018—2022 年)〉的通知》。这两个文件均设计了教师培训制度，明确了具体要求。根据这些文件的精神，在评价培训制度配置情况时，主要设计如下四项指标：

一、培训机构建设

培训机构承担着教师培训的重任，是教师培训的重要实施机构。目前，负责教师培训的主体除教育行政部门外，主要有区县教师培训机构、高校及社会教育培训机构。《教育部关于大力加强中小学教师培训工作的意见》指出，要"充分发挥区县教师培训机构的服务与支撑作用"，"深入推进全国教师教育网络联盟计划"。教育部、国家发改委、财政部、人力资源和社会保障部、中央编办等五部门联合印发的《教师教育振兴行动计划（2018—2022 年)》指出，要"建立健全乡村教师成长发展的支持服务体系"，"加强县区乡村教师专业发展支持服务体系建设，强化县级教师发展机构在培训乡村教师方面的作用"。

因此，评价教师培训机构建设情况，可从两个角度进行考察。一是评价其建设情况，考察其建设是否达标、体系是否完整。二是评价其运行效果，考察其运行情况和协同培训情况，并针对三个培训主体机构的职责，对评价的内涵要予以明确。

（一）高校

对于高校的评价，重点考察其教师培训机构在基础教育教师职后培训中的情况。《教育部关于大力加强中小学教师培训工作的意见》明确，要"充分发挥师范院校在教师培训方面的主体作用"。但是，有的师范院校重视职前培养，对职后培训相对忽视。有的师范院校不仅没有重视教师培训对职前师范生培养的反哺，也没有给予学校的教师培训机构足够的重视。顾明远针对教师培养与培训脱离问题指出："正由于各自为战、资源分散，部分师范院校、综合性大学的教育教师工作趋于弱化、边缘化。"① 正是因为培训机构建设的不足，使得乡村教师培训工作仍存在诸多不足。比如：培训针对乡村教育、乡村教师的实际需要和特点不够，培训课程及其内容缺乏系统设计和整体推进，"国培""省培"项目缺乏连续性。

因此，对高校培训机构的考察，要重点看其是否设立专门机构，是否能整合全校资源，是否承担层级多、范围广的培训项目。

（二）区县教师培训机构

区县教师培训机构是区县教师培训的实施主体，具体承担教师培训工作的组织实施、过程管理和科学研究。从前，我国各区县教师培训机构数量不少、名称较多、功能分散。县级教师培训机构总体薄弱、办学条件较差、服务功能不强，县域内教师教育资源分散，滞后于基础教育改革与发展。

2018 年，《中共中央　国务院关于全面深化新时代教师队伍建设改革的意见》指出："建立健全地方教师发展机构和专业培训者队伍，依托现有资源，结合各地实际，逐步推进县级教师发展机构建设与改革，实现培训、教研、电教、科研部门有机整合。"针对区县教师发展机构功能的提升，有专家提出要"构建良好的政策环境为区县教师发展机构提供广阔空间"，"出台区县级教师发展机构建设标准"，"建立国家对区县教师发展机构的督查机制"，"提高区县教师发展机构的专业诊断与支持能力"，"突

---

① 刘盾.新时代教师教育如何转型［N］.中国教育报,2018 - 11 - 06 (08).

破编制障碍，提升区县教师发展机构专业能力"，"利用'互联网＋'技术为区县教师发展机构提供专业平台支持"①。

一段时期以来，一些地方对区县教师培训机构进行了整合，如将县级教师进修学校与县级教研、电教、电大工作站整合，实现教研制度、教师进修制度、电化教育制度深度融合，优化资源配置，形成合力，构建"四位一体"培训格局，使之真正成为集教学、培训、研究、学习、服务于一体的中小学教师继续教育的主阵地。

因此，在考察评价区县教师培训机构设置时，要重点考核其机构是否完整、功能是否齐全、作用是否得到充分发挥。

（三）教师教育网络联盟

为了改变教师培训中原有的函授、面授方式，节约教师个人培训成本，增强培训效益，2003 年 9 月 4 日，《教育部关于实施全国教师教育网络联盟计划的指导意见》（教师〔2003〕2 号），明确该联盟要"推进教师继续教育"，"有效地开展各种层次和规格的教师学历教育和非学历培训"，"提高教师队伍尤其是农村教师队伍整体素质的迫切需要"，要建设成为"共建共享优质资源的教师教育协作组织"。在这一政策的指引下，教师教育培训体系得以重构，传统的培训教学模式和教学方法得以突破，现代新型的多媒体网络教育得以确立，较好地保证了培训任务按期保质完成。但是，教师教育网络联盟的建立和运行仍然存在一些问题。如：有的成员学校对"教师网联"工作的认识不够充分，"天网、地网、人网三网合一"建设中的各方关系有待理顺，资源共享机制

---

① 卿素兰.区县教师发展机构功能有待提升：一项基于我国区县教师发展机构建设状况的调研[N].中国教育报,2018－08－07(3).

没有完全建立。

因此，评价教师教育网络联盟的配置和运行，要重点考察该机构的涵盖情况、协同运行情况，评估教师培训的实际效果。

二、培训制度设计

《教育部关于大力加强中小学教师培训工作的意见》就教师培训制度的建立和完善提出了基本思路和具体要求："按照'统筹规划、改革创新、按需施训、注重实效'的原则，完善培训制度，统筹城乡教师培训，创新培训模式机制，增强培训针对性和实效性。完善五年一个周期的教师培训制度、建立严格的教师培训学分管理制度、建立教师培训机构资质认证制度、实行教师培训项目招投标制、强化教师培训质量监管。"教育部、国家发改委、财政部、人力资源和社会保障部、中央编办关于印发《教师教育振兴行动计划（2018—2022年）》的通知也提出制度建设要求："推进乡村教师到城镇学校跟岗学习，鼓励引导师范生到乡村学校进行教育实践。'国培计划'集中支持中西部乡村教师校长培训。"

因此，对于教师培训制度的评价，主要指标及内涵有：城乡教师培训是否实现统筹，是否建立了教师培训周期制度、教师培训学分管理制度、教师培训机构资质认证制度、教师培训项目招投标制、乡村教师到城镇学校跟岗学习制度等。

三、培训措施及实施

对乡村教师培训措施及实施的评价，主要指标及内涵有：

（一）培训措施的系统性

从培训模式、类型、方式上讲，培训措施的系统性指是否承担"国培计划""省培计划",是否有"校长培训""专任教师培训",是否有综合性培训、专题培训,是否有面授、网络培训,也就是说,能否打好乡村教师队伍培训的"组合拳",实施全员、全要素的培训。

（二）培训措施的针对性

为了提升乡村教师培训质量,必须增强乡村教师培训的针对性。在培训目标的设计上,就要求重视乡村教师实践性和技术性知识的获得,关注乡村教师培训发展的需求。要在培训活动中关注不同层次的乡村教师的培训需求,有针对性地制定培训目标,从而提高培训质量和效果。"在培训内容的制定上,乡村教师培训必须从乡村教师的实际出发,面向全体乡村教师,适当采取分层培训。……在培训方式的完善上,重视乡村教师培训方式的灵活性,如大力开发和利用网络教育资源"①。

四、培训经费保障

教师培训经费是教师培训配置中的重要因素。教育部对此有着明确的规定和要求。《教育部关于大力加强中小学教师培训工作的意见》指出:"加大教师培训经费投入,建立教师培训经费保障的长效机制。落实教育规划纲要提出的'将中小学教师培训经费列入各级政府预算'的规定,确保教师培训计划的实施。落实财政部、教育部《农村中小学公用经费支出管理暂行办法》（财教〔2006〕5号）'按照学校年度公用经费预算总额的5%安排教师培训经费'的规定,足额专款用于农村学校教师培训。建立健全财政投入为主体、社会投入和个人出资相结合的教师培训经费

---

① 黄丽娟.乡村教师培训质量提升研究[J].科教文汇,2018(7):23.

投入机制。建立健全教师培训专项经费管理制度，提高教师培训经费使用效益。"《教育部等五部门关于印发〈教师教育振兴行动计划（2018—2022 年）〉的通知》也要求："教师培训经费要列入财政预算。幼儿园、中小学和中等职业学校按照年度公用经费预算总额的 5% 安排教师培训经费。中央财政通过现行政策和资金渠道对教师教育加大支持力度。在相关重大教育发展项目中将教师培养培训作为资金使用的重要方向。"

因此，评价培训经费这一指标，就是要考察经费是否列入各级政府预算，是否按要求足额配给，教师培训经费保障的长效机制是否建立，用于农村学校教师培训的专款是否足额，以及吸纳社会资金用于乡村教师培训的情况。

第二章　过程类评价指标内涵

　　形成性评价就是针对乡村教师培养过程的评价。在乡村教师的培养及成长过程中，高校及乡村中小学承担了主要责任。因此，高校对师范生的培养及乡村教师职后培训过程、乡村学校培训在校教师及促进其专业发展过程，成了乡村教师培养工作形成性评价的主要内容。

第一节　高校培养与培训评价指标内涵

　　高校从顶层设计教师教育专业人才培养工作或依据相关要求制定培训方案后，就会执行落实培养培训方案。采取措施执行落实培养培训方案的过程就是形成性评价所关注的范畴。在师范生人才培养中，所要关注的主要环节就是课堂教学、教育实践、教育研究；在乡村教师职后培训中，所要关注的主要环节就是课程教学、研究反思。

一、职前培养

（一）课堂教学

　　为了组织实施课堂教学，形成高效课堂，达到人才培养基本要求，必须做到"四个确保"，即课程体系合理、课程资源丰富、教学内容和方法适当、课程考核科学。

1. 课程体系

所谓课程体系，就是指同一专业不同课程门类按照门类顺序排列，是教学内容和进程的总和。它体现了人才培养的指导思想或培养理念，是培养目标的载体和细化，是培养目标实施的总体方案。课程体系主要由特定的课程观、课程目标、课程内容、课程结构和课程活动方式所组成。

在课程体系设计上，师范院校一直存在一些争议。有的认为如果过于强调师范性，会降低师范院校的学术档次，会使培养目标降低为"教书匠"而不是"教育家"。这种基于办学上的"综合性"（或"研究性"）与"师范性"、培养目标上的"学术型人才"与"专门化教师"的争论，使得师范院校在课程设置时较难处理所谓"学术性课程"与"师范性课程"的关系。因此，"师范专业的教育类课程体系构建明显不合理，存在许多问题：教师教育类课程所占比例偏低；教师教育的实践课程安排比重失衡；教育类课程体系构建不合理等"①。实际上，教师教育人才培养必须专业化，突出"师范化"，要改变原有人才培养和教育观念，改变原有教育类课程设置模式、课程结构、实施方式，增加学时，提高学分比例，构建开放的、完整的教育体系。"要明确教育类课程自身对于学生影响的重要性，要秉承开放性、灵活性等方面原则，有效开展相关教学课程及课程体系的优化与提高"②。

根据《教育部关于大力推进教师教育课程改革的意见》和

---

① 叶恺.教师教育课程标准背景下师范专业教育类课程体系构建的研究[J].教育现代化,2018,5(25):113.

② 朱羽潇.基于教师教育课程标准的师范专业教育类课程体系构建研究[J].科教导刊(中旬刊),2019(14):65.

《教师教育课程标准（试行）》的精神，师范院校在课程设置上逐步取得了一些共识，教师教育类课程得到一定重视。从课程模块设置看，目前师范院校师范教育类专业的课程模块主要有"三模块"或"五模块"。"三模块"结构如表4-1所示；"五模块"主要是"通识教育课程模块+学科基础课程模块+专业课程模块+教师教育课程模块+素质拓展课程（第二课堂）模块"。大多数师范院校强调，必须围绕学校人才培养目标，注重优化课程体系和课程结构，结合基础教育的需求，精准培养，增强培养目标与培养效果的符合度。其中，要重视通识课程，全面提高学生基本素质；要强化专业核心课程，增强培养目标与培养效果的符合度；要注重与基础教育学校合作，联合开发新课程；要拓展选修课程的开设范围，将人文、艺术、科学、创新等内容纳入课程体系，真正形成基础知识、专业知识、实践能力、创新能力相融合的课程体系，实现专业教育、人文素养与创新创业教育有机融合。

表4-1

课程总模块	课程分模块或课程类别
通识课程模块	思想政治类、教育法规类、运动与健康类、方法与工具类、阅读与欣赏类、人文与科学类、经济与人生类、热点与争鸣类等
专业课程模块	相关学科基础课程、本学科基础课程、专业核心课程、发展方向课程
综合实践课程模块	通识类综合实践课程、专业类综合实践课程、教师教育类课程、素质拓展与创新创业课程

在评价师范院校师范类专业的课程体系时，要重点关注两个方面的情况，即教师教育类课程设置情况、特色课程开发与设置

情况。

在教师教育类课程设置上，要考察是否完整地设置了儿童发展与学习、中小学教育基础、中小学学科教育与活动指导、心理健康与道德教育、职业道德与专业发展等类别的课程，并了解是否达到了各类课程的学分要求。要"以'三个面向'为指导，构建体现先进教育思想、开放兼容的教师教育课程体系"，"按照《教师教育课程标准（试行）》的学习领域、建议模块和学分要求，制订有针对性的幼儿园、小学和中学教师教育课程方案，保证新入职教师基本适应基础教育新课程的需要"①。

在特色课程开发上，要考察是否开发了针对乡村教育、适合乡村教育、适合地方特色的创新性、应用性、实践性强的校本特色课程。"开发乡土课程，落实课程育人。各级教育行政部门应鼓励和指导乡村学校积极开发富有地方特色的乡土课程体系，让乡村的自然环境、生产方式、社会风俗、生活样态、民居建筑等乡土文化资源成为国家课程的有益补充，让乡土课程成为乡村学校落实立德树人根本任务、培育新时代乡村建设者的重要载体"②。

2. 课程教学资源建设

广义上的课程资源指有利于实现课程和教学目标的各种因素，是指课程要素来源以及实施课程必要的、直接的条件。课程资源根据形态划分为有形资源和无形资源，根据因素划分为素材性资源和条件性资源，根据来源划分为校内资源和校外资源，根据载

---

① 中华人民共和国教育部. 教育部关于大力推进教师教育课程改革的意见[EB/OL].（2011 - 10 - 08）[2021 - 01 - 23]. http://www. moe. gov. cn/srcsite/A10/s6991/201110/t20111008_145604. html.

② 刘建琼,刘亚雄. 办好小规模学校 提升乡村义务教育质量[N]. 湖南日报,2020 - 08 - 06(5).

体划分为实体化资源和网络化资源。它具有广泛客观性、多质性、多样性等特点。

考察评价高校对师范专业课程资源建设情况，重点要关注如下几个方面：

一是是否优化现有课程资源。学校经过长期建设和积累，都有众多的课程资源。要根据乡村教师培养的基本要求、乡村振兴的总体要求，以及新的历史时期人才培养需要，整合学校现有的各种课程教学资源，剔除不合时宜的、缺乏生命力的资源，打造具有辅助性的、研究性的、综合性的课程资源。

二是是否大力开发课程资源。要根据乡村教师培养需要，开发乡土资源，包括乡土文化、乡村教育等方面的专题教学资源；要与基础教育学校共同开发应用型、实践型教材，打造特色鲜明的校本教材；要精选教材和乡村教育案例，保障课程教学的针对性和探究性。

三是是否科学利用各类课程资源。要充分利用校外教学资源，合理建设校内教学资源，构建好课程教学资源共享平台（教学资源库）；要充分利用"互联网＋"拓展校外网络教学资源，为教与学提供广阔的空间资源；要积极参与实施"教师教育国家级精品资源共享课建设计划"，大力推广和使用"国家精品课程"，共享优质课程资源。

3. 教学内容与方法

教学内容是教学过程中与师生发生交互作用、服务于教学目的达成的、动态生成的素材及信息。教学方法是教学活动中教师指导学生学习以达到教学目的所采取的教与学相互作用的活动方式的总称。教学方法包括教师教的方法（教授法）和学生学的方法（学习方法）两大方面，是教授方法与学习方法的统一。从课程角度讲，教学内容建设（更新与改革）是课程建设的核心，教学方法的有效实施和适应性改革是课程实施的基本保证。要达到人才培养的基本要求和满足时代对人才的需要，必须动态改革教学内容和教学方法。总的要求就是淘汰"水课"，打造"金课"。

因此，在教师形成性评价上，要围绕教学目标、人才培养目标的达成科学设计评价指标，把握观测点的内涵。

一是是否有专门的课程建设规划。课程建设规划必须体现先进的理念和具体的、有效的措施。2019 年 9 月 29 日，《教育部关于深化本科教育教学改革全面提高人才培养质量的意见》（教高〔2019〕6 号）要求全面提高课程建设的质量，"立足经济社会发展需求和人才培养目标，优化公共课、专业基础课和专业课比例结构，加强课程体系整体设计，提高课程建设规划性、系统性，避免随意化、碎片化"。

二是是否着力打造"金课"。淘汰"水课"打造"金课"，就要求以满足为社会主义现代化建设培养人才的需要和乡村基础教育师资培养的需要为导向，加强课程设计，不断改进和更新教学内容，适度增加课程难度，拓展课程深度。同时，要考察高校是否着力打造一些具有高阶性、创新性和挑战度的线下、线上、线上线下混合、虚拟仿真和社会实践"金课"，积极发展"互联网＋教育"，探索智能教育新形态，推动课堂教学革命。"对于乡村定向师范生的卓越潜质提升有着潜在且必要的规定性，表现在'亲和乡土'的人文素养、'志乡村教育之业'的情怀、'协同内外'的资源整合能力、'实践—反思—提升—表达'的行动能力等四个方面，这突出展示了乡村定向师范生卓越潜质提升的价值追求"①。

---

① 周大众.乡村定向师范生卓越潜质提升:内涵、价值与路径[J].当代教育论坛,2019(5):40.

三是是否对接标准。重要的标准有：人才培养质量标准、教师教育标准、教师专业标准、教师教育课程标准。要求按照这些标准，推进课程内容与职业标准的对接，通过校政合作、校校合作，需求与教学融合、教学与实践融合等途径，进一步研究、开发适应专业领域新发展、新要求的课程内容，注重将反映本专业领域的新知识、新技术、新方法充实到教学内容中去，注重突出知识的应用性，适应乡村教育需求和乡村教师职业需要。

四是是否不断改进教学方法。要考察是否积极学习借鉴国内外先进的教育教学理念，不断改进教学方法，创新课堂教学模式；是否坚持以学生发展为中心，充分调动学生的积极性、主动性和创造性，加强师生互动；是否根据不同的课程目标、教学内容，因材施教，改革"满堂灌""填鸭式"的传统教学方式，积极推广小班化教学、混合式教学、翻转课堂，采用启发式、讨论式、案例分析等多种教学方法，培养学生分析问题、解决问题的能力以及服务乡村振兴的能力。

五是是否不断优化教学手段。要考察是否大力推动互联网、大数据、虚拟现实等现代技术在教学中的应用，构建线上、线下相结合的教学模式，通过现代信息技术加强教师与学生的教学互动，促进教学方法与手段创新。

4. 课程考核

课程考核是教学工作的重要环节之一，是评价学生掌握所学知识、检查教学效果的重要手段，也是评定学生学习成绩的主要方法。对该指标的考察，重点内容有：

是否建立了科学、多元化的课程教学考核标准。该标准须明确考核的目标、内容、方式方法，构建健全的能力与知识并重的考核评价体系，强化专业素质和实践能力考核。

是否创新考核评价的方式和方法。要特别考察其是否注重过程性、阶段性与终结性相结合的考核。要重视课程的学习过程考核，改变期末一考制的学业成绩考核办法，强化过程考核，加强总结性考核。要考察是否通过多种形式，推动考教分离；是否全面考核学生对知识的掌握和运用，以考辅教，以考促学，激励学生主动学习；是否合理增加课程考核难度，做到教学不"缩水"、考核不"放水"，严把毕业出口关，完全取消"清考"制度。

（二）教育实践

师范生教育实践是教师培养的必要环节，是教师教育课程的重要组成部分。师范专业的教育实践就是围绕培养适应中小学教育教学需要、高素质专业化的"四有"好教师的目标要求，通过系统设计和有效指导，促进师范生深入体验基础教育教学工作，逐步形成良好的师德素养和职业认同，更好地理解教育教学专业知识，掌握必要的基础教育教学设计与实施、班级管理与学生指导等能力，为从事中小学教育教学工作和持续的专业发展奠定扎实的基础。

为增强师范生的社会责任感、创新精神和实践能力，全面提升教师培养质量，2016 年 3 月 17 日发布的《教育部关于加强师范生教育实践的意见》（教师〔2016〕2 号），就教育实践的目标任务、教育实践的内容体系、教育实践的形式、教育实习的组织开展、教育实践"双导师制"的实施、教育实践考核评价体系、教育实践基地的建设、对指导教师的激励机制、教育实践经费投入保障等问题做了明确规定。

根据《教育部关于大力推进教师教育课程改革的意见》《教育部关于实施卓越教师培养计划的意见》《教育部关于加强师范生教育实践的意见》等文件的要求，对师范专业教育实践的考察，主要指标及内涵有：

1. 是否科学设置教育实践课程模块。要考察是否在师范生培养方案中设置了足量的教育实践课程，是否以教育见习、实习和研习为主要模块，构建了包括师德体验、教学实践、班级管理实践、教研实践等在内的全方位的教育实践内容体系。

2. 是否强化教育实践环节。师范专业的教育实践，要求贯穿于教师培养全过程，要求整体设计、分阶段安排教育实践的内容，精心组织体验与反思，促进理论与实践的深度融合。因此，要重点考察是否"加强师范生职业基本技能训练"，是否"切实落实师范生教育实践累计不少于一个学期制度"。

3. 是否实施了多样化的评价方式。为了保证教育实践质量，高校应当加强教育实践过程监控和质量评估，并持续改进教育实践。《教育部关于加强师范生教育实践的意见》要求："举办教师教育的院校要以指导教师评价为主，兼顾同伴评价、自我评价、学生评价和实践基地评价，综合运用课堂观察、学生访谈及教育实践档案分析等多样化的方式，全面客观评价师范生教育实践。"

（三）教育研究

广义上讲，教育研究就是用系统的方法探究教育现象或教育问题的科学研究活动，包括教育研究、教学研究两个方面。"教育研究力主要指教师学会提出问题、思考问题和研究教育问题的能力，是教师专业化发展的高级能力"[①]。"对于师范生而言，教学研究能力的培养主要包括对自主学习能力、反思创新能力、调查研究能力、团队协作能力、论文撰写能力等方面的培养"[②]。

---

① 郭法奇. 教育研究力：教师发展的高级能力［J］. 教师教育研究，2014,26(03):1.

② 顾莉. 师范生教学研究能力培养机制探究［J］. 高教论坛，2020(05)：111.

作为教师职业素养的重要内容，教师的教育教学研究能力越来越得到普遍重视。教师的教育教学研究能力决定了教师能否及时而准确地把握教育改革的方向和理念，能否有效提升自身的教育教学能力。教育研究能力不仅是师范生必须具备的能力，也是在职教师必须具备的能力。加强师范生职前教育研究能力培训，能有效地提升其核心素养和发展后劲；加强乡村教师职后教育研究能力培养，能有效地促使教师从"经验型"转向"研究型"。2018 年出台的《中共中央　国务院关于全面深化新时代教师队伍建设改革的意见》提出："到 2035 年，教师综合素质、专业化水平和创新能力大幅提升，培养造就数以百万计的骨干教师、数以十万计的卓越教师、数以万计的教育家型教师。"骨干教师、卓越教师也好，教育家型教师也好，都必须具备较强的教育研究能力。

对在校师范生教育研究能力的形成评价，考察重点有：

1. 是否重视课程学习，培养教育教学研究能力

除一般性课程外，要重点加强教育研究课程的教学。通过课程学习，夯实学生理论基础，提升学生研究素养。即通过课程教学，将学生的专业知识、教育理论知识等内化为理论思维能力、创造能力，为培养师范生的教育教学研究能力奠定良好的基础。

2. 是否拓展实践途径，培养教育教学研究能力

考察是否通过并拓展教育见习、教育实习、教育调查途径，搭建基于教育事业、师范专业、教师职业的研究平台，实现"学习、研习、写作"的有机融合，把课堂教学与教育教学实践结合起来，将掌握理论知识与深入调查乡村教育、乡村学校教学同时进行，从教育教学实践中发现问题、研究问题，锻炼运用教育理论知识解释、分析教育现象，解决教育教学问题的能力。

3. 是否通过项目引领，培养教育教学研究能力

一是建立"课题教学模式"，培养研究兴趣，引导自主设立

研究项目，并以项目为驱动，通过教育教学训练，促进教师教学、指导与学生调查研究相结合，增强教育研究的基本技能。二是以申报各类大学生研究性创新性项目申报为契机，引领学生承担或参与研究，加强过程指导，拓展理论思维，培养学术规范，提升学生的教学研究能力。

4. 是否抓住论文写作，培养教育教学研究能力

主要是课程论文写作和毕业论文写作。课程论文是学生在教师的指导下经过调查研究、科学实验或工程设计，对所取得成果的科学表述，考查学生分析问题和运用基本理论解决问题的能力，同时引起学生对该门课程前沿理论和热点问题的关注，锻炼学生的写作能力，提高学生的理论素养和水平，为毕业论文写作及实际工作中论文写作打下基础。毕业论文是对本专业学生集中进行科学研究训练而要求学生在毕业前总结性独立作业、撰写的论文。毕业论文写作通过加强综合运用所学知识、理论和技能解决实际问题的训练，从总体上考查学生学习所达到的学业水平，其目的在于培养学生的科学研究能力。因此，考察这一指标，就要考察磨炼的过程及成效。

5. 是否注重协同合作，培养教育教学研究能力

师范生教育教学研究能力的培养不仅要注重职前教育纵向全过程贯穿，也要注重培养主体横向之间的协同联合培养。高校既要加强学生、指导教师、教学部门、管理部门的通力合作，又要与中小学共建合作指导、合作调研、合作创新的联合培养机制，提高师范专业学生教育教学研究能力的开发程度、培植力度。

二、职后培训

教师培训的目的在于不断强化教师的专业能力，提高教师教

育的科研能力和自主学习能力以及在实践中的创新能力。师范院校承担着基础教育教师培训的重任，为提高中小学教师教育教学能力做了大量工作。但是，从目前看来，教师在职培训还存在一些问题。"从乡村教师在职培训的实际情况看来，在职培训中有许多的乡村教师并没有遵循发展教师专业化的内容来进行，而是过于注重改善当前状况，只关注既有用又方便的培训内容，如千篇一律的阅读、借用教学辅助材料、教师之间相互听课等传统形式。这既在一定程度上制约了乡村教师专业化发展，又不利于完善乡村教师在职培训的发展"[①]。近些年来，我国有一系列文件提出要在乡村教师当中培养教育教学骨干、学术领军人物，不断壮大乡村教师的队伍和提高乡村教师的整体素质，缩小城乡教育差距，促进城乡教育均衡发展。

决定教师培训工作质量好坏的因素很多，其中重要的一点就是要立足教师专业发展，重视培训过程，促使培训目标的达成。因此，对乡村教师职后培训中的形成性评价，主要考察课程教学、研究反思两项活动。

（一）课程教学

职前教育与职后教育的课堂教学是有很大差别的。职后培训的课程教学，必须注重三项基础性工作：

1. 课程理念体现乡土价值

理念就是看法、思想、思维活动的结果，是理性化的想法，是客观事实的本质性反映，也是事物内性的外在表征。课程理念就是关于课程目标、建构、实施等的理性认识和基本观念，是建

---

① 黄丽娟.乡村教师培训质量提升研究[J].科教文汇(中旬刊),2018(7):22.

构有效课程的内在驱动力。在职乡村教师培训的课程，必须贯彻两个基本理念，即以乡村教育生态为基点的价值取向、以核心素养培养为重点的价值取向。

以乡村教育生态为基点，就是要立足乡村学校生态、乡村教师生态、课程教学生态，牢固树立"以乡为本"的理念。"所谓'乡土中心'的培训价值取向即乡村教师培训以'乡本'为核心理念，立足于乡村文化与乡村教育教学环境，基于乡村教师职业生涯发展的特殊性，以提高乡村教师教育教学能力、提升乡村教师生命质量为目标，按需构建具有乡村特色的培训内容和培训方式"①。

以核心素养培养为重点就是围绕培养乡村教师的核心素养，牢固树立"以人为本"的理念。"对于乡村教师来说，其核心素养培育的需求，就是针对乡村教师教育教学中面临的现实问题，采用主题聚焦方式进行培训课程建构"②。

因此，在培训团队建设上，要重视县域内专业化的乡村教师培训团队建设，遴选专职培训者、教研员和骨干教师，建立县级培训者队伍；加强县级教师培训机构建设与加强乡村教师培训研究。在师德建设上，将师德教育作为乡村教师培训的首要内容，贯穿培训全过程，厚植乡村教育情怀。在培训资源建设上，要建立本土化的区域和学校资源库，有针对性地推送给每个乡村教师，满足个性化学习需求。在培训过程中，要改变原有的"城市中心价值取向"，重视乡村教师的生活环境与教育教学环境，研究乡村

① 郝德贤.论乡村教师培训专业化的困境与改进路径[J].集美大学学报（教育科学版）,2019,20(1):31.

② 张坤香.乡村教师培训"核心主题"课程体系建设:价值取向、框架结构、技术路径[J].中小学教师培训,2019(11):5.

文化、乡村学校、乡村教育教学等因素对乡村教师专业成长的影响，消除原来对岗位、水平的自卑感，克服原有的缩小城乡教育差距的畏难情绪，改变"培训现场激动、培训返岗不动"的局面。

2. 课程设计注重针对性

乡村教师培训需要增强针对性。针对性首先来源于需求调研、现状调研。就是说，培训机构在开展培训前必须深入、广泛了解乡村教师的状况和需求。笔者在采访一些在职乡村教师时了解到，在近些年有的"国培""省培"项目或"换岗培训"项目中，有的高校培训教师对基础教育缺乏深入了解，培训课程质量不高；有的师范院校没能紧密对接基础教育，协同研究基础教育不够，还无力引领基础教育的发展。"乡村学校教学的独特性，如复式教学、小班教学、多科教学等都需在乡村教师培训需求分析与调查中得以展示。因此，应积极开发适合乡村教师实际教学需求且有针对性和实效性的'菜单式'培训课程，提高其胜任乡村教学工作的能力及应对乡村独特问题的定力"①。

在职教师的培训课程必须增强针对性。在课程架构上，必须体现"宽基础、小模块、专题化、多选择"等特点，满足在职教师解决当下问题及成长的需要。在课程设计上，要体现针对性，即针对对象、针对需求、针对发展。"在培训课程体系的设计上，关注教师内在需求，满足个性化专业发展，为不同培训对象提供不同培训内容精心设计培训课程，是实施高效培训的关键要素。必须针对中小学教师的实际需求精心设计培训课程，培训前通过问卷、访谈、座谈、观察、文献资料等方法进行需求调研，确定

---

① 张晓文，张旭. 从颁布到落地：32 份《乡村教师支持计划》文本分析[J]. 现代教育管理，2017（2）：78.

培训课程和内容"①。在课程实施方式上，注重灵活多样、实际有交往。转变培训方式，推动信息技术与教师培训的有机融合，实行线上、线下相结合的混合式研修。

3. 课程内容必须精准化

精准培养乡村教师，其核心是在培训内容的选择上必须精准。

首先，要精准定位乡村教师培训工作。高校要充分认识到，培训乡村教师是高校发挥继续教育功能、对接国家教育扶贫攻坚战略、服务地方经济社会发展的重要途径；培训乡村教师是对《中共中央、国务院关于全面深化新时代教师队伍建设改革的意见》及教育部等五部门《教师教育振兴行动计划（2018—2022年)》的积极回应，是推进我国教师培养培训一体化、提高人才培养质量的需要。因此，师范院校要"瞻前顾后"，坚持开放办学的理念，促进教师教育职前职后一体化发展。要进一步实施一体化、进阶式的教师教育人才培养体系，积极支持和推动信息技术与教师培训的有机融合，打造教师培训精品，并优化"国培"和师范生培养的有效"套接"，推动职前职后教师教育内涵发展，树立教师教育专业化平台标杆。

其次，要精准把握乡村教师培训需求。高校既要准确、全面、深入理解国家的政策，把握新时代乡村教师培训的基本要求，又要深入乡村学校、教学现场以及乡村教师、学生之间，通过多种方式、多途径立体式地开展调研，了解乡村教育的实际和乡村教师对培训的需求。"对每一个培训项目，既要弄清参训学员的共性需求和个性需求，也要弄清学员所在地区的需求和送培学校的需求；培训方案既体现国家意志、地方重点，又满足教师个人专业

---

① 闫林德，刘国军.教师职后培训的问题与对策研究[J].继续教育，2012(7):25.

发展需要，努力实现对多元需求的兼顾"①。因此，在课程教学中，要坚持实践导向，立足于破解乡村教育存在的问题、乡村教师成长的瓶颈，通过专题研修、情景教学、任务驱动、自主研讨等解决乡村教师教育教学中的实际问题。改进培训内容，紧密结合教育教学一线实际，组织高质量培训，使教师静心钻研教学，切实提升教学水平。也就是说，培训课程不仅要讲清"是什么""为什么"，更要告诉学员"怎么做"，引导学员"做中学""研究中成长"。

再次，要精准实施乡村教师培训方式。要根据乡村教师脱岗学习较困难、交通不便利、培训成本较高等实际情况，采取灵活多样的组织形式和教学方式，增强研修的便利性和吸引力。一是在组织形式上，可选取集中研修、网络研修、送教上门、分片设立培训站、分类设立名师工作室等多种形式，方便乡村教师实现工学兼顾。二是在教学方式上，除专题讲座之外，可更多采用案例教学、情景模拟、现场观摩、跟岗实践、经验交流、研课磨课、校本研修等方式，突出启发与经验共享。三是在学分认定上，推行培训自主选学，实行培训学分管理，建立培训学分银行，搭建教师培训与学历教育衔接的"立交桥"。四是在资源配置上，要搞好培训资源建设，为乡村教师培训配备合适的教学、食宿等硬件，与中小学、幼儿园合作建设好现场观摩、跟岗研修实践基地，建设好包括教材、讲义、读本、推广成果等在内的学习资源库。

4. 课程考核标准化

要建立和完善科学的课程考核标准，对乡村教师培训课程开展训后考核。

---

① 孔春辉. 坚持"五个精准"，提升高校培训乡村教师质量[N]. 湖南日报，2019 - 10 - 24(04).

　　围绕乡村教师培训课程的评价，既有共性需求，也有个性需求。考核的标准必须体现五个基本特点：强调培训内容与乡村教育现实的契合性，满足乡村教师对乡村教育教学实际的高度关切；强调理论与实践相结合，且更加突出实践应用；强调培训内容的应用性，满足乡村教师对解决实际问题的需要；强调课程实施的灵活性，满足不同学员对培训的多种需求；强调课程教学的前瞻性，满足乡村教师持续发展的需要。"高校应保持和地方教育管理部门以及送培学校的信息共享，完善教师成长档案，为教师参加后续培训提供依据；应积极开展对乡村教师培训质量标准的研究，逐步建立起科学规范、操作性强的质量标准体系"①。

　　在课程考核实施上，高校或其他培训机构可根据实际情况，采取多种形式组织实施。比如：在培训结束时，高校或其他培训机构应组织学员开展学习汇报（汇报课、教学比武、专题讲座等），或提交研修总结、教改方案、课程论文等，总结展示学员自我阶段性的学习成果，以此反观课程教学的效果。又比如：在学员返岗实践阶段，仍然可以布置上示范课、开展专题讲座、实施课题方案等任务，也可以采取"推门听课"方式，随机考察学员现场教学情况，考核分析在训时课程教学效果。

　　（二）研究反思

　　研究，就是寻求根本性原因与更可靠的依据，对事物真相、性质、规律等进行的无穷尽的积极探索。反思，就是回头、反过来思考过去的事情。高级的反思就是用自我反省的目光、批判的态度去审视自己的思想观念、行为活动，以及所产生的影响，并

---

　　① 孔春辉.坚持"五个精准",提升高校培训乡村教师质量[N].湖南日报,2019-10-24(04).

能理性地做出判断与选择，从而更好地完善思想与行为。在乡村教师培训中，研究反思能力的培养是提升乡村教师教育教学能力、促进乡村教师专业发展的重要内容。

在教育研究能力培养方面，培训学校一方面要着眼于介绍新的教育理论及成果、新的研究方法和研究视角，夯实乡村教师理论基础，拓展乡村教师教育研究的视域。另一方面要着眼于总结、反思教育实际问题、热点难点问题，引导乡村教师既关注国家重大战略问题，又要研究如何解决身边存在的问题。师范院校等培训学校要承担起教育的研究者、组织者的任务，搭建一线优秀教师和高校理论工作者合作桥梁，组成一个研究团队，对中小学教师进行针对性培训，增强乡村教师教育教学研究能力。

在教学反思能力培养方面，要引导乡村教师对自己的教学决策、行为、方法以及由此产生的教学效果进行审视、分析。杜威认为："学习就是要学会思维。"[①]"反省思维"是"最好的思维方式"。反省思维，是指对某个问题进行反复的、严肃的、持续不断的深思，具有自觉的目的性，旨在求得结论。《小学教师专业标准（试行）》和《中学教师专业标准（试行）》在"反思与发展"这一领域中都要求教师主动收集分析相关信息，不断进行反思，改进教育教学工作，针对教育教学工作中的现实需要与问题，进行探索和研究。因此，培训乡村教师教学反思能力，要重点培养乡村教师反思教学的主动性和积极性、发现教学问题的及时性和敏锐性、评价教学经验与成果的批判性和科学性、改进自身教学问题的果断性和彻底性。

---

① 杜威.我们怎样思维·经验与教育[M].北京:人民教育出版社，2005:71.

第二节 中小学培养与培训评价指标内涵

中小学同样肩负着在职教师的培养培训重任。其主要任务和方式有：校本培训（包括校本研修）、送外培训（包括委托培训）。

一、校本培训

校本培训是指以学校为单位，面向本校在职教师，自主开展的以提高学校教育教学质量和办学效益、促进教师专业发展和职业修养为目的的培训形式。

对乡村学校培养培训本校在职教师的评价指标和内涵主要有：

（一）校本培训的理念是否先进

校长是校本培训的设计者和负责人。培训理念是否先进，取决于校长的办学理念。这就要求校长必须准确把握国家对新时期乡村教育的相关政策，了解教师专业发展的理论，熟悉教师成长的基本规律，深知本校教师存在的问题。只有对教育科学研究深入透彻，才能提出学校教师发展的思路与设想，才能凝练出校本培训的先进理念。

从"校本"角度看，培训的理念应该有如下四个基本理念：

1."以学校为本"的理念

所谓校本培训就是"以学校为本"。它基于学校发展需要。学校的生存和发展要具备可持续发展的能力，必须全面提升办学质量，提高人才培养质量。因此，要针对学校、教师自身问题开展培训和研修，围绕有效地推动教师专业发展开展培训和研修。

学校要创造有利条件、营造良好氛围，使学校成为一个有利于教师专业发展的学习型组织，充分发挥教师作用，不断促进学校发展。这是校本培训和研修的核心价值与目标。

2. "以教师为本"的理念

2014年9月9日，习近平同志在同北京师范大学师生代表座谈时指出："百年大计，教育为本。教育大计，教师为本。努力培养造就一大批一流教师，不断提高教师队伍整体素质，是当前和今后一段时间我国教育事业发展的紧迫任务。"① "教师为本"是学校各项工作都应坚持的基本立场。"教师培训以教师为本，是开展教师培训工作的一个基本理念"②。因此，既立足于以教师个体为本，提供良好条件和优质服务，通过培训和研修，提高教师教育教学水平，促进教师专业发展，又要立足于教师队伍整体，通过培训和研修，整体提升教师队伍教育教学水平，为学校持续发展提供有力支撑。

3. "以行动为本"的理念

校本培训必须重视过程，重视实践，重视改进。培训研修的过程是学习的过程、提高的过程。在培训中，要围绕一个主题或一项任务，运用系统方法的设计思想，将理论知识融入活动任务中，教师带领培训对象在活动中学习、体验、总结与反思。"在培训过程中，理论知识并非通过'讲授'告知培训对象，而是通过'行动'让培训对象在做中习得"③。更重要的是要通过培训，促

---

① 新华网.习近平:老师责任心有多大 人生舞台就有多大[EB/OL].(2014 - 09 - 09). http://www.xinhuanet.com//politics/2014 - 09/09/c_1112413723_2.htm.

② 朱益明.论校本培训的基本理念[J].教育发展研究,2001(11):46.

③ 周元春.以行动为导向的"双师型"师资培训设计与实践[J].职教论坛,2013(07):68.

成所有教师成为行动的主动参与者，通过反思再实践，成为教育教学行动实践者和改进者，不断改进教育教学。

4."以协作为本"的理念

协作就是为了实现共同的目标，多个组织或个人充分地、友善地利用组织资源，依靠团队的力量共同完成某一件任务。协作的过程是一个"交换"的过程、互补的过程、互助的过程。在协作的过程中，各方以自己所拥有的、富足的资源或因素，与他人那些可以补足自己不足的资源或因素进行交换，从而使双方或多方补齐短板、改善结构、张扬优势，推动各自目标和整体目标顺利实现。在教师培训和研修中，立足于同伴互助，以协作组为核心，组建不同类型的教师学习共同体，能够使教师获得成长的最直接的各类资源，实现教师培训利益的最大化。

（二）校本培训的内容是否切适

培训内容要针对教育教学实际需要，注重新课标新教材和教育观念、教学方法培训，赋予乡村教师更多选择权，提升乡村教师培训实效。

由于校本培训的基本出发点是以学校为本、以教师为本，其培训内容必须针对学校实际和本校教师实际。一般来说，校本培训以建设一支师德修养高、业务素质精良、教学技能全面、教学基本功过硬、具有一定教育科研能力、适应新课程改革需求的教师队伍为目标，以"职业道德培训、教学策略培训"为重点，以教师的可持续发展为根本，造就一支适应现代化教育要求的创新型、学习型、研究型高素质的新型教师队伍。对于乡村学校来讲，要特别突出以下培训内容：

1. 教育理念的研讨

以更新教育观念为指引，以提升理论素养为目标。主要是：

教育思想和理念的学习，深入领会素质教育实质；教育观念培训，树立新型教育观、教学观、人才观；职业道德的历练，培植高尚师德和深厚的乡村教育情怀。

2. 教学核心问题研讨

以终身教育思想为指导，以解决实际问题为根本。主要有：新的课程标准学习和研讨、教学实施策略和方法的研讨、课程设计和教学案例研讨、教育教学评价改革研讨、考试改革技术研究（包括学校考试改革和升学命题技术的研究）、育人方式改革及其组织和管理、乡村教育课程及教学资源开发、第二课堂的改进策略。

3. 现代教学方法及手段培训

以强化教学基本功为基点，以促进教学方法改革为目标。主要有：学习和研讨现代先进的教学方法、学习线上教学相关技能、掌握现代教学手段和信息技术。

4. 教育科研培训

以深化教育教学改革为导向，以教师专业发展为目标。主要是：依据国家有关乡村教育发展要求，研究适合区域乡村教育改革相关问题；结合本校的办学目标、办学特色等重大问题，研究学校改革与发展策略；结合教师自身的科研方向和具体课题，培养科研能力，培植科研成果；学习教育科学相关理论，学习教育科研基本方法，增强教师专业发展的后劲。

（三）校本培训的方式是否适当

校本培训需要有适当的方式，保证培训的效果。

从组织管理上讲，校本培训虽然是教师任职学校自主开展，但还是需要在教育行政部门、教师培训机构的规划指导下进行。"支持乡村教师专业发展的多元主体之间尚未形成合力，外部支持力量尤为匮乏。在很长一段时期，教育主管部门、师范院校和中小学间在教师教育领域的协同度不够，关注点往往只聚焦于师范生和教师专业成长中的某一阶段、某一环节或某一维度"①。就是说，校本培训不能局限于学校独立地开展培训，需要吸纳有关方面的参与和指导。当然，具体培训方案应由学校校长审定并加强领导，由相关部门组织实施。

从具体方式上讲，培训方式主要有四大类。一是理论培训类，如：专题讲座、课程学习等。二是专题研讨类，如：主题研讨式、课题研讨式、研训一体式等。三是教学实践与反思类，如：案例教学式、现场诊断式、示范模仿式、自修反思式等。四是合作学习类，如：网络信息交流式、师徒结对式、校际合作式等。要紧密结合学校工作实践、教师实际，采取适当方式，有效解决工学矛盾，保证培训时间和效果。

二、校本研修

所谓校本研修，就是引导教师在教育教学实践中将遇到的一些具有个性化和真实性问题作为研究对象所开展的一种教学研究活动。要特别强调，校本培训既要重视"培"，夯实教育教学理论基础，培养过硬的基本功，还要重视"研"，通过研究解决实际问题，提升自我，引导教师向"专家型"方向发展。根据李秀伟的"行动研究模型"，即"建立学习组织—发现研究主题—实施课例研修—评价改进成果"②，校本研修要以致力于教学改进与师生双

---

① 蔡华健,曹慧英,张相学.基于 U–G–S 合作范式的新时代乡村教师培养研究[J].教育理论与实践,2019(26):27.

② 李秀伟.中小学校本研修的改进路向与模型建构[J].教育研究,2012,33(07):39.

向发展为价值取向，使教师通过积极有效地开展教学研究活动，提高课程实施和教学实践的质量，实现学生、教师、学校的协同发展。

关于教师培训，此前就高校、中小学培训有关问题分别做了探讨。由于乡村教师培训是影响乡村教师专业发展重要的因素，有必要在此专门探讨如何构建教师培训效果评价指标体系。总体上要注意如下四个方面：

一是指标确定的基本依据。

关于教师培训评价指标的确立，其依据主要有：教师专业标准、教育发展和教师发展的基本理论、教育评估基本理论。其中既有政策法规，又有相关的理论成果。2020 年 7 月 31 日《教育部等六部门关于加强新时代乡村教师队伍建设的意见》（教师〔2020〕5 号）、2016 年 1 月 13 日《教育部办公厅关于印发乡村教师培训指南的通知》（教师厅〔2016〕1 号）、2020 年 3 月 27 日教育部教师工作司印发的《教师培训者团队研修指南》等 11 个文件（教师司函〔2020〕11 号）、2020 年 3 月 4 日《教育部办公厅 财政部办公厅关于做好 2020 年中小学幼儿园教师国家级培训计划组织实施工作的通知》（教师厅〔2020〕1 号）是最重要的依据。

二是指标体系构建的主导思想。

主要有三个方面：1. 要紧扣乡村教师培训目标的要求，具有导向性。从整体上讲，要努力造就一支热爱乡村、数量充足、素质优良、充满活力的乡村教师队伍；从个体上讲，要培养适应教育现代化要求的高素质专业化创新型教师。2. 要体现乡村在职教师培训后的专业发展，具有增值性。即通过培训拓展职业成长通道，让乡村教师获得更广阔的发展空间。3. 要体现培训的多元主体参与，具有协同性。即落实分层分类，改进教师培训内容与方式，建立完善分工合作的乡村教师专业发展体系。

三是指标体系构建的基本原则。

根据中共中央、国务院 2020 年 10 月 13 日印发的《深化新时代教育评价改革总体方案》"坚持科学有效，改进结果评价，强化过程评价，探索增值评价，健全综合评价，充分利用信息技术，提高教育评价的科学性、专业性、客观性"的要求，构建该指标体系必须坚持三项基本原则：1. 目标可见原则。评价指标必须以乡村教师培训目标为根本依据，有重点地、导向性地、准确地、有效地反映培训目标的要求及内涵，充分体现乡村教师培训评价的有效度。2. 量化可测原则。充分运用量化评价方法，用适度的尺子测量指标。"要尽量使指标易于测评、易于量化，通过逐级分解，使它们具体化，直至可以直接测试为止"①。比如：国家相关文件对送教下乡次数、培训团队人员比例、培训学时及脱产研修时间等等都有明确要求。考核这些指标，能清楚地了解乡村教师培训工作情况，准确评价乡村教师培训工作成效。3. 同质可比原则。准确运用质性评价，使评价指标准确反映乡村教师培训中各评价对象的共同本质和属性，依据政策法规相关规定，定性分析，准确判断、核定所有评价对象，评价客体的价值。比如：《乡村教师支持计划（2015—2020 年）》明确要求，"按照乡村教师的实际需求改进培训方式，采取顶岗置换、网络研修、送教下乡、专家指导、校本研修等多种形式，增强培训的针对性和实效性"，为此，对培训方式和培训效果的评价，要通过资料的收集和分析，考察培训行为及其结构、意义，增强对培训中相关因素的把握，准确判断评价对象的情况。

四是指标体系的框架设计。

---

① 李茜. 教师培训效果评价指标体系的构建：基于天津市中小学"265农村骨干教师培养工程"的个案研究[J]. 中国教师,2015(10):69.

　　评价指标体系框架即体系的"四梁八柱"或基本要素，主要包括基本维度、重要领域、观测基点、重要内涵、指标权重、主要方法六个方面。也可以以一级指标、二级指标、观测点、考察内涵设计框架。其中，要处理好几种关系：一是主体责任关系。即依据高等学校、县级教师发展中心和乡村学校在培训乡村教师方面的职责，科学设立考核内容。二是特殊与一般的关系。即考察的主要维度与主要领域的关系、重点内容与基本内容的关系。三是观测重点与权重分配关系。即要根据观测点与权重赋分内在机理，以及乡村教师培养工作评价的价值取向，科学设定观测点及权重。

第三章　增值类评价指标内涵

增值评价法作为一种发展性的动态评价方法，以工作成效和工作对象受益程度为检验工作效力的标准，以可量化的维度评价增值情况。从教育工作看，"增值"是指在一段时间内所实施的教育活动给受教育者带来的正面的、积极的影响，是推进受教育者自身获得进步与发展的价值增量。从这一角度看，增值性评价与绩效紧密相关，与发展性评价具有许多共同之处。

增值性评价是一种相对客观、公正、科学的评价方法或模式。由于"评价"本身就是一种价值判断活动，增值性评价反映了评价者的价值取向，必将依据其价值选择、标准来开展评价。"价值提供并导出了评价准则的基础，在测量一项评价活动的价值或质量时，评价方所基于的那些共同认可的原则，即为准则。价值与准则共同引导了评价工具的建构与评价标准的阐释方向"[1]。因此，增值性评价指标的设定及内涵的解释都鲜明地体现了评价者的价值观和评价准则。

对于乡村教师培养工作的增值性评价，评价对象主要是乡村学校、乡村教师。因此，评价指标和内涵也主要围绕这两者来设计和确定。

---

① 苏林琴,孙佳琪.我国高校学生学业增值评价研讨:兼评美国的研究与实践[J].教学研究,2014(5):18.

第一节　乡村学校增值评价指标内涵

乡村学校的增值，主要指乡村学校在某一段时期内的发展。通常讲，学校的发展主要包括三个方面，即外延发展、内涵发展和特色发展。

一、外延发展

学校的外延发展，主要是指规模的扩大和条件的改善。

2008 年 9 月 3 日，中华人民共和国住房和城乡建设部、中华人民共和国国家发展和改革委员会印发《关于批准发布〈农村普通中小学校建设标准〉的通知》。该标准的第七条指出："农村普通中小学校的建设规模，应根据学制、学校规模、校舍建筑面积指标确定。"在其附件《农村普通中小学校建设标准条文说明》的第七条进一步解释："农村普通中小学校的建设规模，系根据教育部的学制规定、学校规模（含学校总班数、每班额定学生人数和学生总人数）、每生使用校舍建筑面积指标，并参照服务半径、教育发展和教育改革对教育教学活动所需用房的要求确定。"该文件对农村学校办学规模及建设指标提出了明确要求。这些指标是考察乡村学校基本建设情况的依据，也是评价乡村学校外延发展的重要指标。

在设计该评价指标时，要注意考虑乡村学校发展中的基本事实。其中，要特别关注城镇化背景下乡村学校办学规模萎缩的总趋势。就是说，要参照农村经济发展水平、城镇化推进程度和人口流动情况，综合、客观地考察评价。在快速城镇化进程中，乡村教育出现了一些问题。如：生源规模逐年减少，办学规模萎缩。当前，许多乡村（尤其是偏远地区和山区）的村小、教学点，艰难地支撑着，为那些无法进城上学的乡村最弱势群体儿童少年实行义务教育。如果单从办学规模是否增长来考察乡村学校外延发展，那么对于乡村学校来说是不公正的。但是，对这一类小规模乡村学校办学条件开展评价，有利于促进政府加大对乡村学校的投入，加强乡村学校的建设，改善办学条件。

2018 年 4 月 25 日，《国务院办公厅关于全面加强乡村小规模学校和乡镇寄宿制学校建设的指导意见》（国办发〔2018〕27 号）要求完善办学标准、加快标准化建设，指出："要认真落实国家普通中小学校建设标准、装备配备标准和全面改善贫困地区义务教育薄弱学校基本办学条件有关要求"，"对照标准，按照'缺什么、补什么'的原则"改善办学条件。因此，要围绕"小而美、小而优"的标准，重点考察乡村学校教学设施设备、生活设施、安全设施、现代信息技术装备等方面的改善程度，以此评价乡村学校外延增值情况。

二、内涵发展

内涵发展是学校发展的内在要求和根本标志。学校的内涵发展就是以学校内部因素作为动力和资源，以师生身心发展为基础的教育质量和效益的全面进步，表现为学校教育质的发展。考察学校内涵发展的指标主要有四个方面：

（一）现代学校制度是否确立

现代学校制度是学校内涵发展的重要表征。《国家中长期教育改革和发展规划纲要（2010—2020 年)》明确提出，要适应中国国情和时代要求，建设依法办学、自主管理、民主监督、社会参与的现代学校制度。中国教育科学研究院孟照海研究员在《什么是现代学校制度》中提出，"现代学校制度是一种适应时代要求的学校制度安排""现代学校制度是一种以学生发展为核心的制度安排""现代学校制度是一种协调校内和校外关系的制度安排"。考察现代学校制度建设，重点要考察领导体制是否健全、领导效能或校长作用是否增强、规章制度是否健全、管理运行是否有效。

（二）教师队伍建设是否有成效

教师的发展是学校内涵发展的主要指标。从学校整体教师队伍建设上讲，教师的发展主要是职业精神的打造、队伍结构的优化、专业能力的增强、社会影响的扩大这四个基本要素。打造职业精神（包括理想情怀、师德人品）是教师队伍建设的首要任务。优化队伍结构（包括学历、学缘、性别、年龄、学科等）是教师队伍建设的基本要求。增强专业能力（包括专业水平、思维品质）是教师队伍建设的根本。扩大社会影响（包括贡献度、美誉度）是教师队伍建设的特殊要求。乡村教师的增值是乡村学校增值评价的核心指标。

（三）学生培养质量是否提高

学生的发展是学校内涵发展的核心指标。《教育部关于推进中小学教育质量综合评价改革的意见》要求"基本建立体现素质教育要求、以学生发展为核心、科学多元的中小学教育质量评价制度"。以学生发展为核心，就是要遵循教育教学规律、学生身心发展规律和人才成长规律，"把学生的品德发展水平、学业发展水平、身心发展水平、兴趣特长养成、学业负担状况等方面作为评价学校教育质量的主要内容，着力构建中小学教育质量综合评价

指标体系"，促进学生全面发展、健康成长。考查学生的全面发展
情况，既要考查学生的成绩增长及升学情况，更要考查学生全面
发展的程度，以及社会对毕业生的认可度和家长对学生的满意度。

（四）学校文化品质是否提升

丰富的学校文化是学校内涵发展的鲜明标志。学校文化就是
以学校为生态的、由全体师生在学校长期的教育实践过程中积淀
和创造出来的、学校成员所认同和遵循的有关办学思想、学校精
神、价值取向、行为准则、行为方式、物质设施等物质与意识的
整合体。文化品质的提升就是提升学校的"软实力"，在先进文
化的指引下，构建承启于学校办学传统、适应未来教育改革需要
的和谐文化、激励文化，引领学校可持续发展。评价学校文化主
要考察其是否形成相对稳定的文化，是否内化为师生教育教学的
动力，是否得到社会的普遍认可和广泛赞誉。

三、特色发展

学校特色发展就是着眼于社会需求和学校发展需要，挖掘本
校潜力、张扬办学优势，实现优质化、独有化、差异化的发展。
学校办学有特色，就能为师生和社会公众提供新颖的、优质的教
育服务，拥有更多的教育资源和服务机遇，产生更广、更深的社
会影响，促进学校良性、可持续发展。乡村学校经过一定历史积
淀和建设，办学是否有特色、特色是否鲜明，是衡量乡村学校比
较"从前"是否增值的重要指标。范涌峰和宋乃庆就学校特色发
展评价问题提出构建测评模型："学校特色发展测评模型由学校特
色理念体系对学校内部实际和外部环境的适切度、学校特色发展
实践与特色理念体系的一致度和学校特色实践效果的优质度三个

维度及其相互之间的数量关系构成。"① 从增值角度看，评价的重点主要是两个方面，即：

（一）特色建设的有效性

学校为了实现特色发展，必须处理好传承与创新的关系、多样性与统一性的关系。

传承是指对前人的成果（包括物质文明和精神文明）进行传授和继承并发扬发展的过程。创新是在特定思维指引下，以理想化需要或现实需求为导向，创造有别于他人的新的事物（内容和形式），并能获得一定有益效果的行为。传承是创新的根基，创新是传承的弘扬。学校的特色不是凭空产生的，必须基于办学传统，是长期办学经验的积累，是在自身办学理念的指导下，学习他校、与他校比较并探索实践而形成的。学校在创建特色时，一般应依据"人无我有、人有我优、人优我精"的要求，探索办学中各领域（总体办学、教学方面、管理方面等）的特色。要正确处理传承与创新的关系、创新与实践的关系，充分挖掘办学优秀传统、科学整合学校各种资源，推动学校持续发展。

学校的特色发展必须遵循教育一般规律，严守基础教育、义务教育发展的基本要求，既要遵循《中华人民共和国教育法》《义务教育学校管理标准》等政策法规要求，注重办学的"统一性"，又要依据《教育部等八部门关于进一步激发中小学办学活力的若干意见》等探索适合本校发展之路。比如：基础教育学校特色发展必须与考试招生制度改革同步，不能忽视考试评价的统一性。不能只强调特色发展，弃教师专业标准、课程标准于不顾。

---

① 范涌峰，宋乃庆.学校特色发展测评模型构建研究[J].华东师范大学学报(教育科学版),2018,36(2):68.

从培养目标上讲，义务教育的特色发展必须坚持培养全面的合格人才。当然，学校特色发展在展现全面的基础上必须张扬个性，既要有学校自身的办学个性，又要促进每一个学生的个性化发展，要基于终身教育的理念、学生的实际、创新能力培养、新技术与课程实施的融合、学生成就多元评价等，改变学生的学习方式和考核方式，促进学生个性化发展。"学校的特色发展首先应该坚持'三个贴近'——贴近学生、贴近课程、贴近教学"①。总之，要始终追寻教育本真，促进学生全面而有个性地发展，才是学校特色发展的根本。

因此，考察乡村学校特色建设的有效性，既要看是否"有"特色，即是不是经过建设、总结概已经形成了特色，又要看特色是否"真"，即是不是真实的、有效的特色。评价"有效性"增值，就要以学校特色建设所产生的发展幅度以及学校教育活动对学生增加的价值为教育评价标准。"美国教育评价专家布鲁姆提出，基于学生进步幅度的学校评价是学校增值评价的根本点，即一所成功的学校是对学生发展有增值作用的学校"②。

（二）特色成果的增量度

学校特色发展的成果体现在多个方面。从内容上讲，有学校总体办学特色、教学工作特色、教师队伍建设及教师特色、学生培养工作的特色、学校德育工作特色、学校管理服务工作特色、学校文化特色等等成果。考察特色成果增量情况，主要从成果体现的形式上、数量上衡量。比如：学校及师生获得上级奖励（包

---

① 肖林元.学校特色发展需要解决四个问题[N].中国教育报,2017 - 07 -30(3).

② 方鸿琴.增值评价:以发展性评价促进教育公平[N].中国社会科学报,2013 - 10 - 25(A02).

括人才称号）的人次，媒体对学校特色工作的报道情况、学校及师生参加官方或学术界交流经验和成果的情况，公开呈现的教育教学研究的理论成果情况，等等。对乡村学校这一增值评价的重点在于考察其教学特色的鲜明度和影响度。

第二节　乡村教师增值评价指标内涵

目前，许多学者和评估机构对教师增值性评价都是基于一个特殊指标——教师效能（teacher effect），即对于教师在教育教学中对学生发展所起的作用进行判断和评价，是对教师工作绩效进行评价的一种评价模式。政界和学界在此方面有许多探讨，并取得了较为一致的认识，如《国务院关于加强教师队伍建设的意见》要求"健全教师考核评价制度……严禁简单用升学率和考试成绩评价中小学教师"。许多专家学者也认为要区别教师增值性评价与传统教师评价，一是要特别注重学生的"增值"（即学生成绩的进步），而不仅仅是关注学生的最终成绩；二是教师贡献的"净效应"（即在影响学生学业成绩中教师方面的贡献）。但是，本书要探讨的不仅是教师效能，更多的是探讨教师自身的增值。

从乡村教师培养工作效能讲，乡村教师增值评价不是教师对学生培养方面的贡献，而是评价乡村教师本身价值的增长情况。

教师价值的增长体现在多个方面，最核心的是如下三个方面：

一、教师职业得到充分尊重——尊严感增强

根据《中华人民共和国教师法》的规定，教师是履行教育教

学职责的专业人员，承担教书育人、培养社会主义事业建设者和接班人、提高民族素质的使命。就是说，教师作为职业，是以教育为生的。教师承担着传播知识、传播思想、传播真理的历史使命，肩负着塑造灵魂、塑造生命、塑造人的时代重任。教师是教育发展的第一资源，是国家富强、民族振兴、人民幸福的重要基石。因此，教师这一职业理应得到社会广泛尊重。但是，近些年来，因为社会原因和教育、教师本身的原因，教师职业并未得到足够的尊重。其根源在于没有真正尊崇教师的专业价值。教师的职业价值源于教师的专业价值，只有高度认可教师的专业价值，才能真正尊重教师职业。从《中庸》的"修道之谓教"到苏格拉底的"教育的智慧在于唤醒"，再到德国教育学家斯普朗格（Franz Enst Eduard Spranger，1882—1963）从文化哲学的角度出发提出的"唤醒教育"论，无不体现了教师这一职业的专业价值。但是，从目前乡村教师所处境况看，其情况更为尴尬。从其身份看，在城乡张力下，乡村教师的身份认同存在危机，乡村教师似乎成了"乡下人"；从其生存境遇看，乡村教师似乎成了乡村学校的"异乡人"；从教师专业发展看，乡村教师似乎又成了"边缘人"。

2018年1月20日，《中共中央　国务院关于全面深化新时代教师队伍建设改革的意见》提出，到2035年，"尊师重教蔚然成风，广大教师在岗位上有幸福感、事业上有成就感、社会上有荣誉感，教师成为让人羡慕的职业"。这就要求党和政府及全社会采取有效措施提高教师的社会地位，开展尊师活动，加大教师典型宣传和表彰力度，落实"荣誉制度"，营造尊师重教良好社会风尚。要求乡村学校尊重教师的专业价值，准确把握教师的职业定位，引导教师树立职业信念，激发教师职业热情，帮助教师获得职业成就，为教师职业尊严增添底气。

为此，在评价乡村教师职业尊严感是否增强时，要重点考察：社会地位提高情况，尊师重教是否蔚然成风；经济待遇改善情况，劳动报酬是否增加，生活条件是否改善；教师评价是否改进，教师对评价公正性的认可程度。

二、教师专业得到持续发展——获得感增强

教师专业发展是指教师以自身专业素质包括知识、技能和思想等方面的提高和完善为基础的专业成长、专业成熟过程。教师专业发展既包括教师队伍的专业化发展，也包括教师个体的专业化发展。从乡村教育教师队伍整体情况看，目前仍然存在"下不去、留不住、干不好、难发展"的问题。从乡村教师个体情况看，核心素养和反思能力的提升仍然是专业发展的重要内容。

《教育部等六部门关于加强新时代乡村教师队伍建设的意见》提出，要"拓展职业成长通道，让乡村教师获得更广阔的发展空间"。这就要求在乡村教师培养工作中，政府要建立和完善乡村教师培养培训、促进教师专业发展的支持体系，从政策、经费、条件等方面加以引导和保障；高校等培训机构要着重抓好有针对性的乡村教师培训项目，长期跟踪、终身支持乡村教师专业成长；乡村学校要适时开展校本培训和研修，着力解决教师教育中的基本问题，引导和支持教师自我发展。

因此，在评价乡村教师专业发展上，要重点考察乡村教师培养工作相关主体的工作措施及效果，除关注教师队伍整体素质提升外，重点考察教师个体是否有成长和获得。主要有四个方面：一是教师专业素养和能力是否提升，是否解决了教师个人原先存在的专业方面的不足，有力地促进了教育教学；二是教师个性是否有发展，即是否聚焦发展性，以增值评价促进教师个性发展，

是否"鼓励教师在教育教学、教科研、实践活动等方面个性化发展，促进教师形成具有个人特色的教育教学风格"[①]；三是教师的晋升是否有明显改善，即教师在职称评定等方面是否增强了竞争力，获得了应有的专业技术认可；四是教师专业发展的后劲是否增强，是否通过教育教学理论的学习和研究反思能力的培养，既挖掘了发展潜力，又增加了发展后劲。

三、教师待遇得到明显改善——幸福感增强

关于教师或乡村教师的待遇，党和政府近些年推出了许多好政策，采取了许多好措施，也提出了很多基本要求。

国务院办公厅印发的《乡村教师支持计划（2015—2020年)》要求"提高乡村教师生活待遇"，并就乡村教师工资、生活补助、住房公积金、社会保险费、重大疾病救助、周转宿舍等提出了要求。《教育部等六部门关于加强新时代乡村教师队伍建设的意见》要求，"力争经过3—5年努力，乡村教师……地位大幅提高，待遇得到有效保障，职业吸引力持续增强"，并就乡村教师的工资收入、绩效工资、生活补助、住房保障、医疗救助等提出具体要求。

这就要求各地认真贯彻落实国家政策，并根据当地实际情况，采取有效措施，提高改善乡村教师各项待遇，让乡村教师幸福指数增长。

评价这一指标的重点主要有：是否真正做到乡村教师的"平均工资收入水平不低于或高于当地公务员平均工资收入水平"，要了解近些年乡村教师工资收入增长情况；核定绩效工资时是否对乡村小规模学校、寄宿制学校、民族地区、艰苦边远地区的学校

---

① 徐聪,李怡.教师发展性评价体系构建及实施路径探索[J].教育评论,2020(12):65.

给予了适当倾斜，要了解乡村教师在此政策下收入增长情况；看其他一些生活保障措施如生活补助、住房保障、医疗救助等是否得到落实，以及实际增长情况；与待遇相关的其他因素（如从教环境、文化氛围等）的变化是否让乡村教师的幸福感增强。

总之，作为一种"专业化"的职业，教师职业本身不仅仅是个人谋生的手段，更应当是实现教师本身人生价值的途径。教师职业的尊严和成就、专业发展、待遇改善都能反映教师人生价值的增值。所以说，评价乡村教师的增值，核心是评价教师心理感受的优化、教师价值的增长、自我实现程度的增加，以及社会广泛的赞誉情况。

第四章 综合类评价指标内涵

综合评价（Comprehensive Evaluation，CE），也叫综合评价方法或多指标综合评价方法，是指使用比较系统的、规范的方法对于多个指标、多个单位同时进行评价的方法。它不只是一种方法，更是一个方法系统，是指对多指标进行综合的一系列有效方法的总称。构成综合评价的要素主要有：评价者、被评价对象、评价指标、权重系数、综合评价模型。本书重点探讨乡村教师培养工作的综合性评价指标设计原则及重要评价指标的内涵。

第一节 综合性评价指标设计原则

综合性评价指标具有基础性、引导性和综合性的特点，是确保综合性评价结果客观准确的前提。根据综合评价的基本理论和乡村教师培养工作的要求，必须遵循一定的基本原则，科学设定综合性评价指标。主要有以下五大类十项基本原则：

一、目标导向和成果导向原则

综合评价具有明显的目的性。评价指标的设定必须坚持这一基本原则，以保证评价工作产生积极效果。

一是目标导向，即评价本身的需要。评价指标是为了综合性评价服务的。综合性评价本身要求用比较系统的、规范的方法对多个指标、多个对象同时进行评价。要对综合性评价的目标进行分解：把握总目标，即综合评价最终所要达到的目标；抓住中间层次，即分解总目标层的主要因素，实行具体的评价指标的类综合；明晰指标层，即以此反映评价目标的各个方面的统计指标的构成，从而把握评价目标的本质属性，抓住最能反映评价目标本质属性的内容，把反映评价目标本质属性的外在的、可观察的作为评价指标。因此，指标的设定要依据综合性评价的基本要求，只有把最能反映评价对象属性、最能满足评价目的要求的因素确定为指标，才能真实、全面反映客观情况，达到顺利实施综合性评价的目的。

二是成果导向，即评价结论的需要。成果导向教育理论的渊源之一就教育目标理论。在目标的引领下，综合性评价产出的成果又将导向对目标的反思。也就是说，对乡村教师培养工作的综合性评价就是为了客观评价培养工作、改进培养工作服务。因此，设定评价指标不仅要按照客观标准设定，更重要的是体现评价者的价值取向和主观愿望。如：教育价值标准、乡村教师理想标准、培养工作优良标准等。

二、系统性和全面性原则

乡村教师培养工作主体、内容、方式等都具有多样性，被评价对象的各个方面已形成一个不可分割的有机整体。坚持系统性原则，就是指在综合评价指标体系的建立中，应当充分考虑各个指标之间的有机联系，谋求综合性评价指标的整体化。这就要求注重指标间的协调和指标及内涵的一贯性。协调就是指各个具体指标在其内涵、权重、计算方式等方面要相互衔接和相互协调。

一贯就是指综合评价指标体系的各个评价指标的选取数量、指标统计口径（粒度）等各个要素在时间、时段上具有一贯性。

全面性原则就是为保证综合评价结果客观、准确，在指标体系构建中要尽可能多地选取可以概括反映被评价事物各个层面的基本特征的评价指标，以便反映事物的全貌。

为了保证评价指标系统、全面、有效，必须加强多方协商。依据"共同构建"评价理论（美国学者埃贡·G.古贝、伊冯娜·S.林肯提出的"第四代评价理论"的基本思想就是"共同建构"），加强各评价利益相关者的沟通协商，充分听取不同方面的意见，达成共识，确定评价指标和内涵。

在乡村教师培养工作评价上，评价者要与各责任相关者、利益相关者共同商讨评价内容和方式，充分了解并各自主张或诉求，科学确定评价指标及内涵，确保评价指标体系的全面和系统。

三、独立性和同向性原则

独立性是指某一指标区别于其他指标的内在属性。在评价指标的确定上，要从逻辑关系上厘清各指标的关系，即同级指标之间必须是并列关系，而不是因果关系、递进关系，更不能存在交叉和矛盾关系。因此，要尽量减少评价指标在概念、外延上的重叠，选择独立性强、代表性强的指标，从而保证评价的可行性和高效。比如：关于乡村教师待遇问题，其核心是"经济待遇"，而经济待遇主要是工资、福利。从工资上讲，主要由基本工资、教龄工资、绩效工资、特优津贴等构成；从福利上讲，主要由失业保险、养老保险、医疗保险、生育保险、工伤保险以及住房公积金即所谓的"五险一金"组成。那么，在"教师的平均工资水平应当不低于或者高于国家公务员的平均工资水平"这一级指标中，还包括了许多观测点。这需要从主体责任上理清关系，保证指标的独立性。

同向性是指各个指标在反映研究对象的特征和程度时，其数值的大小与其特征和程度的优劣在评价方法上是相同的。在综合评价中，要依据评价目的对正向指标、逆向指标、适度指标（中性指标）进行具体分析，避免不同方向的指标在同一问题的应用上混淆了事物的本质特征。综合评价中的指标同向化，就是完成指标的同趋势化，一般的方法是把逆向指标和适度指标转化为正向指标。比如"乡村教师外送培训"这一指标，"教师"这一主体评价时，可能认为赴外接受培训机会多、时间满足、培训层次逐步提高，赋分就会较高；"乡村学校"这一主体评价时，可能认为在岗教师外出培训多影响了日常教学，赋分就会较低。这时，应转换为正向指标，以"乡村教师接受培训时间"进行考量。

四、可比性与可续性原则

可比性就是该事物与其他事物存在区别性，以及该事物本身在不同时期存在区别性。在增值性评价中往往用于同一事物的纵向比较。在综合评价中，既要注重同一事物的纵向比较，又要重视该事物与其他事物的比较。这就要求在选取评价指标时，要使指标的口径范围和核算方法既具有同一事物不同时期的纵向可比，又具有同一时期不同事物之间的横向可比。

可续性就是连续性，是指某一事物前后贯通。在综合评价中，既要注意各指标的独立性，同时也要注意指标之间的可续性。由于乡村教师培养工作涉及多个主体、多种内容、多种途径，其培养过程是一个连续的过程，因此，在评价中要注意这种特殊性，在指标设定上要注意连续性，不能割裂人才培养过程或忽视培养中的某一环节。比如：乡村教师培养培训中，要注重职前职后一体化培养。职前要重视职业能力培养，职后要求采取递进式、提升式培训，实行"连续性系统化培训"，"实行周期培养计划，扎实跟进教师发展进程"①，保证培训的连续性，为乡村教师不断地提供续航动力。因此，在评价设计上，要充分考虑培养培训各环节的连续性要求，设计相应评价指标。

五、简易性和可操作性原则

简易性原则是指在对观察到的现象做出合理解释或进行推理论证时，必须力求简单明了。综合性评价本身具有复杂性。如果在指标的设计上过于复杂，是不便于操作的。因此，在保证选取的评价指标符合综合评价目的的要求基础上，尽量简单便捷地选择指标。比如：评价指标中的数据较容易获取、检查的资料较容易取得、对比分析的途径较为通畅。否则，虽然有完整的评价指标体系，却无法实现综合评价的目的，更不能有助于指导、改进培养工作。

可操作性是指按照一定的规范和要领能够操纵动作的基本特性。评价指标是用来开展评价实务的，必须具有实际应用的特性。这需要处理好指标的可测性和概括性的关系。《深化新时代教育评价改革总体方案》要求"各地根据国家层面确立的评价内容和指标，结合实际进行细化，作为对下一级政府履行教育职责评价的依据"，经过细化，使指标更加具体，操作性更强。

---

① 邹天鸿.教师培训如何提质增效[N].中国教育报,2020 - 08 - 12 (5).

第二节 综合性评价重要指标

依据综合性评价指标构建原则，就乡村教师培养工作，针对评价对象（乡村教师培养工作主体）、评价内容（评价指标）探讨综合性评价具体的指标及其内涵。

从评价对象看，政府、有关高校及培训机构、乡村学校是乡村教师培养的主体或责任单位，也是乡村教师培养工作的评价对象。从评价内容看，乡村教师培养工作主要包括职前培养、职后培训。在综合性评价中，既有每个被评价对象涉及某一单项指标，也会有每一个指标涉及多个评价对象。因此，在评价指标设计上，要对被评价对象进行全面的综合考察，形成系统的评价指标体系，同时，要依据综合性评价的要求，通过有效的方法整合指标，顺利实施评价。

一、指标类别

综合评价的内容十分丰富。从评价针对的时空上看，有纵向评价与横向评价；从评价目标看，有预期评价与实绩评价；从评价结果看，有相对评价与绝对评价。这就要求既综合又分类地处理评价指标。从综合角度看，乡村教师培养工作评价指标主要有四大类：

（一）理念类

理念是指培养乡村教师的理念。这一类指标主要有：政府政策所体现了关于乡村教育事业发展、乡村教师队伍建设方面的价值取向、培养目标、培训指南；相关高校教师教育专业人才培养目标、培训规划；乡村学校校本培训理念、在职教师培训规划。如果用"乡村教师培养规划"这一指标来考察，就能较准确地、完整地了解培养主体各方关于乡村教师培养的理性认识、政策导向和目标设计，从而分析评价顶层设计是否科学、是否有效。

（二）条件类

条件是指培养乡村教师的保障条件。这一类指标主要有：政府关于教育、乡村教育、乡村教师队伍建设的宏观政策，关于乡村教师培养的具体政策（培养高校建设、培训队伍建设、培训经费保障等）；相关高校师范专业条件、教师队伍状况、教学及实践条件；乡村学校为在职教师提供的教育教学条件、促进教师专业发展的条件、保障教师生活基本需要的条件。如果用"乡村教师培养基本条件"作为这一类的一级指标，就能从总体上考察培养主体各方所提供的条件是否满足培养需要，从而分析条件对效果的影响情况。

（三）措施类

措施就是培养乡村教师所采取的办法，也体现在培养过程之中。这一类指标主要有：政府在乡村教师培养中采取的具体措施，政府的主导作用发挥情况；相关高校为实施人才培养方案采取的具体措施，培养工作的主体作用发挥情况；乡村学校为在职教师成长进步所采取的具体措施，培养培训教师的自主性作用发挥情况。这一类指标涉及内容很多，既要全面系统考察，更应重点突出人才培养工作中具有重要性、关键性的内容。如：课程教学、教育实习、研究反思等。

（四）效果类

效果是指乡村教师培养工作的成效。因为体现效果的方面很多，考察效果可从多方面考察。要特别注意该指标评价不仅是"教师培养效果"，还包括培养过程，即还包括形成性评价和增值评价。这一类指标主要有：政府和相关高校培养乡村教师的数量（招生与就业情况）、相关高校师范生素质提升情况、乡村教师队伍结构变化情况、乡村教师素质和能力变化情况、乡村教师专业发展情况、乡村教师的社会影响情况、乡村教师对乡村振兴的贡献情况、学生和家长对乡村教师的认可和赞誉程度，等等。

二、考核方法

综合评价是对某事物进行多角度、多内容整合的评价过程。

目前，采用综合评价的方法很多。如：综合计分法、综合指数法、TOPSIS 法、秩和比法（RSR）、层次分析法（AHP）、模糊评价方法、数据包络分析等等。综合评价方法很多，无论哪种方法都有优有劣，存在一定的相对性和局限性。有的因将若干个指标数值综合成一个数值，损失了原有指标带来的大量信息，结果较为抽象；有的因选择不同的方法，评价结果不具有唯一性；有的因指标的赋值不同、权重不同，即使采用同样的方法，也有可能得出不同的评价结果。

对于乡村教师培养工作的综合评价，采用什么方法取决于评价的终极目的。那就是为了进一步改善培养工作，促使培养工作取得更大成效。要依据党的教育方针、相关教育法律法规、教育评价标准等，突出重点，注重导向，把乡村教师的师德和乡村教育情怀的培植、教育教学核心素养的培养、教师专业的持续发展作为评价的主要内容，在保证客观性的基础上体现评价的目标导向性。

在科学选用评价方法的基础上，应采取合适的方式开展评价工作。在指标体系设计后，重点要做好收集资料、整理资料和统计分析三项工作。可依据一些通用评价量表和抽样要求，尽可能收集完整资料，按评价对象、评价内容整理资料，采用一些统计分析工具进行数据分析。

第五章　总结类评价指标内涵

以预先设定的工作目标为基准，对评价对象达成目标的程度即效果做出评价，称之为总结性评价、终结性评价或事后评价。乡村教师培养工作的总结性评价，就是对乡村教师培养工作的绩效评价。政府、相关高校、区县域培训学校，以及乡村学校的培养工作绩效都应放在考察范围，但是，最终要落在对乡村教师培养效果上。

第一节　教师整体发展评价指标内涵

教师整体发展，是指教师队伍建设的整体效果。为了提升教师队伍建设水平，党和政府、相关高校和乡村学校采取了许多措施，不断改善培养工作，深化教师教育改革。那么，培养工作成效如何，要从总结性评价角度进行考察。

一、从政府推动情况考察效果

党和政府（包括中央和地方）在宏观上出台了乡村教师队伍建设的意见、方案，对乡村教师队伍建设进行了顶层设计，提出了目标、措施和要求，大力推动乡村教师队伍建设。2020年7月31日，教育部、中央组织部、中央编办、国家发改委、财政部、人力资源社会保障部联合印发《教育部等六部门关于加强新时代乡村教师队伍建设的意见》，提出："力争经过 3—5 年努力，乡村教师数量基本满足需求，质量水平明显提升，队伍结构明显优化，地位大幅提高，待遇得到有效保障，职业吸引力持续增强，贫困地区乡村教师队伍建设明显加强。"根据这一目标要求，在考察乡村教师队伍建设效果时，总结类的评价指标主要有五个方面：

（一）教师数量与结构

长期以来，乡村教师紧缺。近些年来，状况虽然有一定的改善，但是乡村学校（尤其是乡村偏远小学）优质教育资源仍然紧缺，优秀教师少的现象依然存在。《中共中央　国务院关于全面深化新时代教师队伍建设改革的意见》《教育部等六部门关于加强新时代乡村教师队伍建设的意见》提出了一系列措施和要求。依据政策要求，考察评价这一方面的指标主要有：畅通城乡一体配置渠道、挖潜调整乡村学校编制、本土教师培养、公费定向师范生、"特岗计划"等措施；乡村教师整体数量是否满足乡村教育需要；通过培养、引进等方式，乡村教师队伍结构是否改善。

（二）教师地位

教师的地位一般是指教师的社会地位。教师的社会地位是指教师职业在整个社会职业体系中所处的位置。教师职业的社会地位是通过教师在整个社会中所发挥的作用和所占有的地位资源来体现的。对此，近几年有关政策对提高乡村教师地位又有许多措施。比如：《中共中央　国务院关于全面深化新时代教师队伍建设改革的意见》《教育部等六部门关于加强新时代乡村教师队伍建设的意见》都有明确的意见和具有要求。那么，考核乡村教师的地位是否提高，主要看教师的专业是否得到充分认可，教师的经济待遇是否明显改善，教师在政治上的处境是否优化，教师的法律权益是否得到充分保障。

（三）教师待遇

这里所称的教师待遇是指教师的经济待遇，包括教师工资和福利。社会一直在呼吁要提高教师经济待遇，国家也在不断采取措施改善教师待遇。《乡村教师支持计划（2015—2020 年）》等文件明确提出要"提高乡村教师生活待遇"，2020 年国务院又把"义务教育教师平均工资收入水平不低于当地公务员"作为督导检查重点，旨在坚决贯彻相关政策和法律。那么，考察乡村教师待遇是否提高，主要的指标有：平均工资收入水平是否不低于当地公务员；乡村教师待遇与城镇教师待遇的差距是否缩小；绩效工资、教龄津贴、班主任津贴和其他福利是否有充分保障；乡村教师待遇是否得到一定的倾斜；教师收入在社会职业收入排名是否进位。

（四）教师编制

教师编制一直是制约乡村教育发展、师范生或其他教师"下不去、留不住"的一个重要因素。为了改变一状况，打破这一"瓶颈"，《乡村教师支持计划（2015—2020 年）》提出要"统一城乡教职工编制标准、职称（职务）评聘向乡村学校倾斜"。《中共中央　国务院关于全面深化新时代教师队伍建设改革的意见》提出要"创新和规范中小学教师编制配备"。《教育部等六部门关于加强新时代乡村教师队伍建设的意见》也要求"创新乡村教师编制配备"。考核乡村教师编制的指标主要有：是否推动城乡教育一体化，是否统筹配置和跨区域进行调整，是否向一线教师队伍倾斜，是否按照班师比与生师比相结合的方式核定教师编制，乡村教师编制是否得到保证。

（五）教师质量水平

教师的质量水平既包括教师的专业知识、专业能力，也包括教师的师德水平。从中小学教师专业标准的"基本内容"看，专业知识包括教育知识、学科知识、学科教学知识、通识性知识，专业能力包括教学设计、教学实施、班级管理与教育活动、教育教学评价、沟通与合作、反思与发展。《教育部等六部门关于加强新时代乡村教师队伍建设的意见》提出"培育符合新时代要求的高质量乡村教师"的目标。对于师德建设，党和政府一直高度重视，强调要"把提高教师思想政治素质和职业道德水平摆在首要位置"。其中，对于乡村教师，要"加强师德师风建设，激发教师奉献乡村教育的内生动力"。那么，考察乡村教师质量与水平，重点要考察乡村教师是否达到《教师专业标准》的基本要求，是否满足乡村教育教学要求，思想政治素质整体上是否提高，"四有"好教师标准是否落实到位，厚植乡村教育情怀是否有效，培养新乡贤是否产生明显效果。

二、从大中专院校培养情况考察效果

主要评价师范生培养学校的培养目标达成度。

（一）核心素养

师范专业总体上以培养合格基础教育师资为目标。因此，在其专业人才培养方案中就知识、能力、素质提出明确规定，概括性地表述了毕业要求。而其中重要的是培养学生的专业核心素养。所谓学生核心素养，主要指学生应具备的，能够适应终身发展和社会发展需要的必备品格和关键能力。2014 年，《教育部关于全

面深化课程改革 落实立德树人根本任务的意见》提出"教育部将组织研究提出各学段学生发展核心素养体系，明确学生应具备的适应终身发展和社会发展需要的必备品格和关键能力"。北京师范大学牵头研制的《中国学生发展核心素养》提出，核心素养以培养"全面发展的人"为核心，分为文化基础、自主发展、社会参与 3 个方面，综合表现为人文底蕴、科学精神、学会学习、健康生活、责任担当、实践创新六大素养。

那么，考察师范专业培养情况，要以培养目标达成度为主线、以考查学生素养培养情况为重点来设计评价指标，主要有三类：课程及其他各教学环节的目标达成情况；毕业设计及专业实践教学环节的目标达成情况；各项毕业要求达成结果。

（二）生源质量

通常判断学生生源质量是以学生入学时候成绩的好坏、录取分数线的高低为标准的。目前，由于多种原因，师范专业生源堪忧，"一方面表现为师范院校招生录取分数线普遍低于同层次的综合性大学，另一方面表现为师范院校录取学生缺乏教师职业认同感，从教意愿较低，基础能力较差"①。为此，2018 年 1 月 20 日，《中共中央 国务院关于全面深化新时代教师队伍建设改革的意见》要求："切实提高生源质量，对符合相关政策规定的，采取到岗退费或公费培养、定向培养等方式，吸引优秀青年踊跃报考师范院校和师范专业。"教育部等五部门印发的《教师教育振兴行动计划（2018—2022 年）》也明确要推动师范生生源质量改善行动。

---

① 赵荻.多管齐下提高师范生生源质量[N].中国教育报,2018 - 10 - 15(2).

那么，如何评价作为师范生培养的高校在生源质量改善上的效果？主要指标有两个方面：

1. 具体措施方面，看招生与培养工作是否改进，是否增强了师范专业吸引力。一是在政策允许下改善师范生招生。即师范专业实行提前批次录取或采取入校后二次选拔方式，选拔有志于从教的优秀学生进入师范专业；加大入校后二次选拔力度，通过设立面试考核环节，考察学生的综合素养和从教潜质，招收乐教、适教、善教的优秀学生就读师范专业。二是改进师范生培养，提高师范专业吸引度，看高校教师教育是否通过学科专业建设，优化师范专业资源配置和专业设置；是否加强师资队伍建设，拥有一批高素质、高水平的教师教育师资；是否深化教育教学改革，提升教育教学质量，培养了一批高素质的师范专业学生。

2. 主要数据指标方面，看招生批次与录取分数线是否明显改善。师范专业录取批次是否提前，以及录取分数高于控制分数线情况、第一志愿录取率情况，等等。值得注意的是，在考察录取分数时，要考虑相同院校相似专业的招生人数。因为，招生人数多少是影响录取分数线高低的一个重要因素。

（三）就业质量

一般来说，就业质量是指从业者与生产资料结合并获得报酬或收入情况的优劣程度，主要包括从业者的工作收入、工作环境、个人发展前景和对工作的满意程度，还包括用人单位的满意度、家庭的满意度、社会的满意度等。在多种因素的影响下，目前，师范专业学生就业的质量并不高，表现在：输出与需求存在结构性矛盾，乡村学校有需要，师范生不愿下去；就业率不高，乡村学校有岗位但师范生宁愿待岗；就业不稳定，到乡村学校岗位后离岗率高。究其原因，从高校方面看，"当前高校师范类专业教育模式、教育观念与社会岗位需求严重不符，学生缺少必要的职业教育观念，导致学生毕业后不能树立正确的就业观，这对学生就业质量造成极大的影响"①。

那么，师范专业就业质量可从多方面进行考察，但最重要的是效率与质量，即在教育行业（尤其是在乡村学校）的就业率。由此观测师范专业的服务面向，可从两个方面进行考核或跟踪考察。一是当年到乡村学校就业的情况。二是近几年在乡村学校从事教育教学的校友人数及比例。假如这两项指标测算出的数值不高，那么就反映出师范院校在人才培养方面对乡村教育的贡献率不高。

三、从乡村学校改进考察效果

乡村学校既是国家教育扶持、发展的重点对象，也是乡村教师培养的重要主体之一。在考察乡村教师队伍建设的效果中，对乡村学校的考察主要是：乡村学校教师队伍整体结构改善情况、教师队伍教育教学水平提升情况、教师津贴奖励落实情况、教师晋升发展情况等。

第二节　教师个体发展评价指标内涵

教师个体发展就是指教师个人的发展。人的发展是指人的全面发展。人的全面发展是马克思主义的基本原理之一。马克思在

---

① 王佳.河南省师范类大学生就业质量研究[J].长江丛刊,2016(21):220.

《1844 年经济学哲学手稿》《德意志意识形态》《关于费尔巴哈的提纲》等著作中阐述了该理论的基本内涵。马克思认为，人的全面发展的内涵，主要包括人的劳动活动、劳动能力、社会关系、自由个性和人类整体的全面发展。人的全面发展最根本是指人的劳动能力的全面发展，即人的智力和体力的充分、统一的发展，同时也包括人的才能、志趣和道德品质的多方面发展。2018 年 9 月 19 日，世界公众科学素质促进大会在北京闭幕。大会发布了《世界公众科学素质促进北京宣言》，指出："科学素质是人的全面发展的内在要求。"

人们常常用"教师专业发展"来表述"教师发展"。这是因为教师专业发展是教师发展中的核心要义。实际上，教师的发展，应该是教师的全面发展，是教师生涯发展中职业精神、职业能力、职业价值、职业地位等方面统一的、全面的发展。评价乡村教师的专业发展情况，其依据是通用性（政策性）标准和专业性（业务性）标准，包括《中华人民共和国教师法》《教师职业道德规范》等国家法律、国家政策、国家标准，最主要的依据是教育部印发的《教师专业标准》。该标准是国家对幼儿园、小学和中学合格教师专业素质的基本要求，是引领教师专业发展的基本准则，也是教师考核等工作的重要依据。因此，教师专业发展的评价指标可依据《教师专业标准》来构建。"直接引用三个《专业标准》的'基本内容'，以构建教师专业发展评价的指标体系"，"一级指标即《专业标准》的各个'维度'"，"二级指标即《专业标准》的各个'领域'"，"《专业标准》中与各'领域'对应的'基本要求'，可用作衡量评价对象与二级指标适切性的尺度"[1]。

---

① 唐圣权.基于三个《专业标准》的教师专业发展评价体系探讨[J].广西师范大学学报（哲学社会科学版）,2013(01):139.

具体形式如表 4 - 2。

表 4 - 2

标准体例	维度	领域	基本要求	其他
指标体系	一级指标	二级指标	观测点 或内涵	评价方式 或方法
主要内容	3 项	幼儿教师 13 项、小学教师 13 项、中学教师 14 项	幼儿教师 62 项、小学教师 60 项、中学教师 63 项	资料审核、数量考核、绩效考评、案例分析、现场考察等

仅仅依据《教师专业标准》评价其专业发展还不够，必须根据《中共中央　国务院关于全面深化新时代教师队伍建设改革的意见》和《教育部等六部门关于加强新时代乡村教师队伍建设的意见》新的精神和要求，结合《教师专业标准》，增加或明确新的评价观测点，体现评价的全面性和指引性。综合看，核心指标及内涵主要有：

一、教师内在发展方面

即与教师内在专业能力素质密切相关的教师专业发展。

（一）专业理念与师德方面

通过培养培训，乡村教师是否明确确立了职业理想，是否具备或强化了敬业精神、团队合作精神，是否有较乐观向上的心理情绪，是否发挥了"人师"表率作用，是否通晓乡情民意、热爱乡村教育，是否起到新乡贤引领作用。

（二）专业知识方面

综合考察培养培训，乡村教师是否理解所教学科的知识体系、基本思想和方法；是否了解所教学科与其他学科的联系，具备全科（小学）教师或"双师"（职教）教师的基本素质和能力；是否了解乡村学生群体文化特点与行为方式；是否能有效地实施素质教育，培养学生思维能力、创新能力和实践能力。

（三）专业能力方面

综合考察培养培训，乡村教师是否有较强的学科课程资源、校本课程开发、利用的能力；是否了解乡村教育基本情况，能够较好地与社区建立合作互助的良好关系；是否具备将现代教育技术手段整合应用到教学中的能力；是否掌握多元评价方法，多视角和全过程评价学生发展；是否尊重个体差异，重视学生的全面发展；是否能彰显自己的专长与个性，形成自己的风格与魅力；是否针对教育教学工作中的现实需要与问题，进行探索和研究。

二、教师外在发展方面

教师外在发展是指教师专业素养外的发展，主要有：乡村教师的社会地位是否提高，职称评聘是否有保障或畅通，教师职业发展通道是否畅通，生活待遇是否明显改善，是否获得物质奖励和培训机会，是否获得类似"时代楷模"和"最美教师"的荣誉表彰，是否有丰富的精神文化生活，是否家庭幸福、生活美满，是否被认定为"骨干教师"或"卓越教师"或"教育家型教师"。

总之，要依据个性化、多元评价标准制定评价标准和评价指标，摒弃"一刀切"的评价标准，根据乡村教师的实际和成长的需要，构建针对性、引导性、公正性、客观性强的评价指标体系。

本篇小结

评价指标和内涵是评价体系中的核心内容。本篇在前文论述的评价维度的基础上，就乡村教师培养工作的各主体的职责和要求，探讨指标设计的指导思想、基本原则、基本方法，阐述评价指标的主要内涵，为乡村教师培养工作评价体系的构建提供认识和实践基础。

第五篇　评价组织与运用

第一章　评价体系的构建

　　评价体系构建的基本环节是：研究评价相关理论以及与评价事项有关的政策法规；调查研究评价事项相关的基本现状，发现存在的问题并分析其原因；依据相关理论和政策要求，初步设计评价指标，构建评价体系。对于乡村教师培养工作相关政策、评价理论，前文已做了粗略探讨，本章主要论及调研及评价体系基本框架。

第一节　专题调查与分析

　　为了广泛、深入了解乡村教师培养工作的实际情况，以及乡村教师的需求和建议，本项目组开展了多种形式的调查研究。一是开展问卷调查。本项目组于 2019 年 12 月 15 日到 2020 年 1 月 15 日，通过"问卷星"及实地发放纸质问卷，对乡村教师（包括幼儿园教师、中小学教师及基层教育管理部门人员）开展了问卷调查，被试总人数 514 人。调查问卷样式见附录一。二是走访调研。本项目组于 2020 年 8 月至 11 月，实地走访了 3 所乡村小学、2 所乡村初中、2 所乡村幼儿园，以及乡镇和区县教育管理部门人员，共计 23 名教师或干部，就乡村教师培养工作进行深入研讨。访谈方案见附录二。三是召开研讨会。2020 年 11 月，本项目组邀请乡村教师、教育行政部门管理人员、教育科学研究人员，以及乡村在校学生和师范院校师范专业学生代表就乡村教师培养相关问题进行了座谈研讨。

通过调查与研究，本项目组对相关数据进行了统计分析，对相关问题的讨论形成了一些认识。现将有关情况综述如下：

一、针对政府培养工作方面

在问卷调查中发现，在评价国家现有的乡村教师培养方面的政策时，16.73% 的人认为很完善，34.82% 的人认为较完善，32.49% 的人认为一般，15.95% 的人认为不够完善；21.60% 的人认为很好，38.13% 的人认为较好，31.91% 的人认为一般，8.37% 的人认为不够好。

对所在县政府（教育局）的乡村教师培养措施的评价：20.23% 的人认为很得力，29.77% 的人认为较有效，39.30% 的人认为一般，10.70% 的人认为不够有效。

在回答"乡村教师培养工作最应加强的是什么"时，有35.60% 的人认为政府要完善政策。由此观之，国家和地方政策得到认可，但不同程度存在不完善的地方，有必要科学研制，并且落小落细。

对于政府要改善的工作，调查发现，45.14% 的人认为要提高乡村教师待遇，28.02% 的人认为要改善乡村中小学条件，15.95% 的人认为要加强对乡村教师的培训，10.89% 的人认为要完善对乡村的考核评价奖励机制。

综合走访调查情况，乡村教师最期待要解决的问题主要是三个方面，即地位待遇、人事编制、专业发展。

二、针对高校培养工作方面

调查发现，对高校培养基础教育教师的工作的总体评价不错：认为很好的占 22.96%，较好的占 40.66%。

在乡村教师培养工作上，高校要改善的工作主要是：修订培养方案，精准培养乡村教师（占 24.71%）；加强实践教学，着力培养师范生教学技能（占 38.13%）；加强与乡村中小学的对接，增强人才培养的针对性（占 29.57%）；加强对乡村教师的培训（占 7.59%）。在回答"乡村教师培养工作最应加强的是什么"时，有 26.07% 的人认为高校要精准培养。

在研讨中，大多数与会者认为，地方师范院校是乡村教师培养的主力军，为乡村中小学师资培养发挥了重要作用，但是，在培养目标、培养模式、培养手段等方面还存在一些问题，具体表现为培养目标不精准、培养模式不科学、培养手段有局限。因此，要重点解决"精准培养"的问题，就是要增强乡村教师培养的针对性，针对乡村教育实际、针对乡村教师需求，准确确定培养目标，采用适切的培养模式，培养本土化、专门化的乡村教师。

三、针对乡村中小学培养工作方面

调查显示，乡村教师对所在学校的教师培训工作的评价：认为很满意的占 22.76%；认为较满意的占 41.05%；认为一般的占 30.35%；认为不满意占的 5.84%。

对改善中小学教师培养工作，25.68% 的人认为应重视培训，促进教师专业发展；30.74%的人认为要改善工作条件，稳定教师队伍；27.63%的人认为要加强与政府、高校的协作，吸引优秀师范生；15.95%的人认为要加强教师教学质量评价，提高教学质量。

在回答"乡村教师培养工作最应加强的是什么"时，19.46%的人认为中小学要积极送培。调查结果表明，乡村中小学教师对自身学校教师培训有较高的期待，最集中的是要求学校重视校本培训，充分发挥送培教师示范作用。

研讨认为，一段时期以来，由于编制、经费等原因，一些乡村中小学依赖于师范院校顶岗学生缓解师资不足的矛盾，选送教师培训提升工作滞后。乡村中小学在教师培训方面，既要有主体意识和长远规划，主动思考师资队伍建设，又要积极争取政府支持，提高在职教师教育教学水平。此外，乡村学校要结合农村教育实际和教师在教育教学实践中的需求，本着"缺什么、训什么"的原则开展培训，通过校本培训、教研组培训、网络培训等形式，自主地培训在职教师。

要注重已经参加培训教师的示范辐射作用。培训结束后大部分学校没有组织已培训的教师上公开课、学习体会交流，培训效果未得到辐射。要发挥已培教师"影子效用""种子效用"，带动学校教师整体提升。

四、针对乡村教师评价方面

调查显示，在对乡村教师培养工作评价上，22.57%的人认为没有开展系统评价，16.93%的人认为没有建立评价机制，38.91%的人认为没有科学的评价指标体系，21.6%的人认为没有将评价结论与奖惩挂钩。在"目前乡村教师培养工作在评价维度上最缺乏或没有做好的是什么"这一问题中，21.21%的人认为是配置性评价（对政策制度设计评价），24.32%的人认为是形成性评价（即过程评价），12.84%的人认为是总结性评价（即结论评价），41.63%的人认为是以上三个维度。在"所在县教育局对乡村教师是否开展过评价"这一问题中，21.98%的人认为没有开展任何评价，44.75%的人认为只开展过课堂教学质量评价，28.99%的人认为仅开展过师德师风评价，4.28%的人认为开展过其他评价。

研讨认为，乡村教师培养工作的评价，应该包括教师培养效果和培养工作效果。两者既有联系也有区别。教师培养效果主要考核教师能力、素养、技能等；教师培养工作效果主要考核顶层设计、工作过程、工作成效。因此，评价工作需要常态化、多元化、标准化。

第二节　研制专项评价指标体系

根据调研情况，以及此前相关理论研究，本项目组探讨乡村教师培养工作评价中的专项评价指标，为总体评价指标体系的建立提供基础。

一、针对对象的评价指标体系

在乡村教师培养工作中，政府、培养培训学校、乡村学校是主要责任单位。针对这些培养工作主体（即评价对象）分别设计评价指标体系。

主要框架如表5-1。

表 5 – 1

对　象	一级指标	二级指标	主要内涵	说　明
政　府	政策措施	建设规划	重视乡村教师队伍建设、经费有保障、乡村教育有明显发展、乡村教师地位及待遇有提高等	采用政策分析、调查统计方法，重点考察政策的针对性、有效性
		保障措施		
	政策效果	乡村教育发展成效		
		乡村教师队伍建设整体效果		
培养学校	高校	培养措施	培养方案	培养方案科学、重视联合培养、师资力量强、培养条件好、师范生质量好、到乡村学校就业比例高、培训乡村教师效果好等	采用形成性评价，及定量、定性方法，重点考察培养过程及实际效果，关注培养目标与效果的达成度
			保障条件		
			培养措施		
		培养效果	师范生整体素质		
			师范生就业质量		
			培训质量		
	培训机构	培训措施	培训措施	培训措施得当、培训效果明显等	采用文献检索、现场考察、定量评价等方法，了解培养措施的针对性和培养效果情况
		培训效果	培训效果		
乡村学校		校培措施	校培措施	培养措施得当、培养效果明显等	
		培养效果	培养效果		

二、针对内容的评价指标体系

评价内容主要有两个方面，即乡村准教师（师范生）的培养、在职乡村教师培训。

主要框架如表 5 – 2。

表 5 – 2

评价内容	一级指标	二级指标	主要内涵	说明
教师培养	政府的培养	培养措施及效果	培养制度设计、措施及效果	实施配置性评价、形成性评价、增值性评价和终结性评价，对培养培训效果进行定量、定性分析
	高校的培养	培养目标	培养目标的精准性、培养措施的有效性、培养效果的明确性等	
		培养措施		
		培养效果		
教师培训	政府的培训	培训措施及效果	总体规划、培训项目设立及实施、培训保障措施、培训效果	
	高校及培训机构的培训	培训措施及效果		
	乡村学校的培训	培训措施及效果		

三、针对结构的评价指标体系

评价结构或维度主要有五个方面：配置性评价、形成性评价、增值性评价、综合性评价、总结性评价。

主要框架如表 5-3。

表 5-3

结　构	一级指标	二级指标及主要内涵	说　明
配置性评价	制度配置	考察各培养主体为乡村教师培养给予的各方面的配置情况及对乡村教师培养的支撑度（实际效果）	采用文本分析法、定量分析法等方法分析配置的针对性、有效性
	条件配置		
	措施配置		
形成性评价	培养过程	考察各培养主体在培养训过程中的措施及措施对乡村教师成长的作用情况	采用文献检索、现场观察、定性分析等方法考察培养过程及效能
	培训过程		
增值性评价	乡村教育的增值	考察乡村教育发展情况、乡村教师各方面的增值和发展情况	采用定量与定性相结合的方法，衡量增值情况
	乡村教师的增值		
综合性评价	对象综合	考察乡村教师培养工作相关责任主体在培养工作方面的主要措施及成效	采用综合方法，考察乡村教师培养中的工作成效及乡村教师发展情况
	内容综合		
总结性评价	师范学生质量	考察相关高校师范生培养的成效，以及对乡村教师培养、发展的支撑度、贡献度；考察乡村教师各方面的发展情况	采用定量与定性相结合的方法，整体评价培养效果
	乡村教师发展		

　　综上所述，专项评价指标体系的研制可以为整体评价体系的设计提供基础，一是便于遴选核心评价指标，二是便于理清框架结构。

第三节　构建总体评价体系

　　评价指标体系是指由表征评价对象各方面特性及其相互联系的多个指标，所构成的具有内在结构的有机整体。

　　所谓体系，具有两层含义：第一，从本质属性看，乡村教师培养工作评价是终结评价、绩效评价；第二，从评价方式看，乡村教师培养工作评价是配置性评价、形成性评价、综合性评价、增值性评价、总结性评价；第三，从外部关系看，乡村学校与教育行政机关、科研机构、第三方评估机构共同组成相互关联的监测体系；第四，从评价对象看，乡村教师培养工作评价是针对乡村教师培养共同体（责任相关者）的评价，也是针对相关利益共同体的增值性、发展性评价。

　　因此，构建乡村教师培养工作评价体系，应明确评价的指导思想、遵循一定的基本原则、科学设定评价指标、明确评价指标的基本内涵、采用科学的评价方法，从而构建完整的、科学的、可用的评价体系。

一、构建评价体系的指导思想

　　教育评价事关教育发展方向，有什么样的评价指挥棒，就有什么样的办学导向。教师培养工作评价，既关系到教师培养目标、成效，关系教师队伍整体建设问题，也关系到教育事业发展的问题。2020 年 10 月 13 日，中共中央、国务院印发《深化新时代教育评价改革总体方案》为新时代教育评价改革指明了方向。根据这一文件精神，在构建乡村教师培养工作评价指标体系时，要坚持的指导思想是：

以习近平总书记关于教育的重要论述和全国教育大会精神为指导方针，以乡村教育发展、乡村教师发展为根本，遵循教育规律和教师发展规律，坚持科学的教育评价导向，树立科学的教师发展观和人才成长观，完善教师培养工作评价体制机制，系统建立乡村教师培养工作评价体系，深化教师评价改革，为加强和改进乡村教师培养工作、促进乡村教育发展提供决策参考。

二、构建评价体系的基本原则

在构建指标体系时，应遵循的原则主要有：

（一）系统性、综合性原则

评价体系之所以称为体系，是因为评价就是一个系统。评价体系中的各项指标之间都有一定的内在逻辑关系。因此，系统性要体现在三个方面：从乡村教师培养工作的不同的责任主体反映其职责履行情况、工作效果情况；从乡村教师培养工作过程评价事物上反映培养工作各环节、各内容之间的系统联系和内在关联；从评价指标的关系上体现层次性和统一性，从而，使之形成一个不可分割的评价体系。

综合性原则就是要求具有全局观、整体观。要针对乡村教师培养工作中的不同主体、不同对象、不同内容，分类设计，统筹兼顾，增强评价指标的协同性；要综合考虑影响乡村教师培养工作系统的诸多因素，并进行综合分析和评价；要综合考虑乡村教师培养工作绩效的时态变化，注重数据的跟踪，也要充分考虑发展的要求，注意乡村教师培养工作的基本要求和教师发展的特殊性。

（二）简易性、实用性原则

评价指标体系的设计及评价指标的选择要简单明了，能直接反映乡村教师培养工作的特点和状况，能直接衡量培养工作的实际效果。各评价指标在考察内容上要具有典型代表性，突出评价重点，简明易懂，可比性强；在评价方法上要便于量化、便于获取信息（数据），便于统计计算。

实用性要求评价指标体系立足实际应用。这就要求坚持问题导向，从乡村教师培养工作中的问题入手，从乡村教师培养工作要求出发，科学设计评价指标，增强评价体系的针对性，保证评价的实效。

（三）科学性、特色性原则

科学性是评价体系的生命。《深化新时代教育评价改革总体方案》指出："坚持科学有效，改进结果评价，强化过程评价，探索增值评价，健全综合评价，充分利用信息技术，提高教育评价的科学性、专业性、客观性。"要确保乡村教师培养工作评价的科学性，既要遵循评价的主要目标，又要基于评价对象、结构或维度来优选评价指标。除上述的结果评价、过程评价、增值评价、综合评价外，还要开展配置评价，从乡村教师培养工作的源头起点、顶层设计上进行考察评价。

特色性就是要有自身区别于他者的特点。乡村教师培养工作评价是一项系统工作，是教育评价中一项新的工作。因此，在设计指标体系时，既要学习其他评价工作的经验，又要根据乡村教师培养工作的特点、新时代教育评价工作改革的要求，坚持自身特色，扎根中国乡村教育广阔而深厚的土壤，融通中外教师培养及教师发展的规律和趋势，构建符合中国特色社会主义教育发展要求的评价指标体系。

三、评价体系的基本框架结构

评价指标体系是由若干个单项指标组成的层次分明的有机整体。其框架一般由"一级指标""二级指标""指标内涵"（主要观测点）、"标准或权重""方法或说明"等几个部分组成。从框架设计上讲，关键是要科学选择指标、处理指标的关系，否则，框架结构就会存在科学性不足、实用性不够强、操作性不强等问题。那么，如何选择、安排评价指标？我们认为，最主要的、最有效的、最科学的就是"逻辑分类法"。

逻辑上的分类就是通过对事物有关信息进行分析和比较，根据研究对象的共同点或者差异点将其划分为不同种类或等级，使其体现一定从属关系的一种系统的逻辑方法。"比较"有量的比较、质的比较、状态比较、功能比较、结构比较等。通过比较发现事物的异同，比较是分类的前提。那么，事物的特性（差异点）是划分事物的依据，可分为较小的类；事物的共性（共同点）是归合事物的依据，可分为较大的类。分类必须逐级进行，每一级、每一次分类都按同一标准进行，分类的子项必须是互不相容的。从逻辑理论上讲，根据类的范畴进行思维活动的有归纳、演绎、类比、分析和综合等方法。

在乡村教师培养工作评价体系框架构建中，要科学运用逻辑分类法，分清哪些为一级指标、二级指标、主要观测点，某一级指标有哪些互不相容的内涵。分类可实行"五步法"。

第一步，确定分类根据。分类根据是分类的前提，关系到分类能否反映所研究问题的本质特征和能否得出正确的结论。乡村教师培养工作评价的依据主要是政策法规，包括：《中华人民共和国教育法》《中华人民共和国教师法》等法律；党和政府的公文以及发布的其他政策性很强的文本、领导报告等，如《乡村教师支持计划（2015—2020 年）》《中共中央　国务院关于全面深化新时代教师队伍建设改革的意见》《教育部等六部门关于加强新时代乡村教师队伍建设的意见》《深化新时代教育评价改革总体方案》以及有关教师专业标准等。要深入理解和把握这些政策法规关于乡村教师队伍建设、乡村教师培养求、乡村教师发展等目标、措施、要求，准确设计评价指标。

第二步，进行材料分拣。依据分类的根据将有关研究材料进行分别归类。从培养过程看，乡村教师培养工作评价涉及培养工作的前提、基础、条件，也涉及具体培养工作的实施过程，还涉及培养工作的效果；从培养主体看，乡村教师培养工作评价涉及政府、高校、乡村学校及乡村教师本身；从培养工作材料看，涉及目标标准、认证标准、评价标准等方面的体现数量和质量的材料。因此，要根据共同性和差异性进行分门别类，分拣整理，具体细化。

第三步，进行材料排序。对研究材料分门别类后，要根据针对性、重要性对同一门类的材料进行再分类或前后排序。通过对材料的排序，使研究对象井然有序，形成体系。除前文所言指标体系设计原则外，在逻辑分类中还要特别遵从"子类排斥性原则"，使各子类互不相容，否则将分类不清，达不到分类目的。在乡村教师培养工作评价上，要依据政策法规要求和评价工作价值导向，对所有整理的材料进行排序，按主要的、次要的或必要性强的、补充性的标准，使材料层次化、序列化。

第四步，遴选评价指标。就是对所有可能用于评价的材料（作为评价指标）进行甄别。要根据指标内涵的独立性、关联性，在了解指标的概念内涵之后，有必要对其存在的区别和联系进行厘清，为遴选指标提供条件。在乡村教师培养工作评价上，要根据评价依据、评价目的、工作实务、实际效果等选取实用性强的作为评价指标。

第五步，确定指标等级。可用于评价的指标很多，但重要性、全局性不同，要求确定指标的等级。在乡村教师培养工作评价上，要依据培养工作的目标、要求和评价的目的认定指标的重要程度，确定哪些指标作为一级指标，哪些作为二级指标，哪些作为一般性指标，哪些作为特殊指标。

根据以上论述，乡村教师培养工作评价指标体系构架可设计为："一级指标"为 5 个，即条件类、措施类、过程类、效果类、特色类；"二级指标"约 12 个，即政策法规设计、培养培训方案设计、经费保障、师资力量、培养措施、培训措施、培养过程、培训过程、教师队伍整体建设效果、教师个体培养发展成效、地域培养工作特色、地域乡村教育发展特色；"主要观测点（内涵）"若干（根据二级指标设立核心观测点）；"评价方法"若干，涵盖配置性评价、形成性评价、增值性评价、综合性评价、总结性评价，采用量化评价、质性评价等方法。

评价指标体系框架如表 5-4。

表 5-4　乡村教师培养工作评价指标体系框架表

一级指标	二级指标及权重	主要观测点（内涵）及权重	评价方法	说　明
条件类	政策法规设计	根据二级指标设立核心观测点；按科学性、有效性或基本保障、较好保障、充分保障主次排队分类法，权重的设立可分若干个等级	从配置性评价角度考察，量评与质评相结合	通过资料检索、数量测评进行
	培养培训方案设计			
	经费保障			
	师资力量			
措施类	培养措施		从形成性评价、综合性评价角度考察，运用现场观察法等	通过资料检索、跟踪考察进行
	培训措施			
过程类	培养过程			
	培训过程			
效果类	教师队伍整体建设效果		从增值性评价、总结性评价角度考察，量评与质评相结合	通过资料检索、问卷分析、现场访谈、数量测评等进行
	教师个体培养发展成效			
特色类	地域培养工作特色		从形成性评价、综合性评价角度考察，质性评价为主	针对区域的评价，也可针对培养主体开展评价
	地域乡村教育发展特色			

第二章 评价工作的展开

第一节 制定评估工作方案

工作方案是对未来要做的重要工作做出的安排、筹划、部署。它具有较强的方向性和实践性。评估工作方案就是针对评估工作制定的有关评价工作目的、要求、方式、方法、进度等较为具体的、周密的、可操作的计划。

一、制定方案的程序

根据评估对象、范围等的不同，评价方案制定方法和要求有所差异。评估方案有针对某一事物整体的评价，即综合评估方案，也有针对事物某一方面的评估，即专项评估方案，两者在制定工作上有所差别。但总体上看，制定的程序基本一致。

（一）调查研究

做好调查研究是保证评价有效性和顺利实施评估工作的基础。评估机构要组织专人开展广泛、深入的调查研究。评价人无论是政府（教育行政机构）还是第三方评估组织机构，都要调查当前乡村教师培养工作的基本状况、了解问题与需求，要研究乡村教师培养有关政策、理论以及教育评价相关理论问题和客观要求，研究相关评估工作的经验和问题，为制定评估方案提供理论基础和实践指导。

（二）征求意见

评估者要征求责任相关人、利益相关人的意见。一是在方案制定前要征求意见，了解相关方的诉求、建议。二是向相关方呈送评估方案初稿，也可公开向社会发布评估方案的征求意见稿，请求提出针对性意见，为指标体系的修订、评估工作的开展提供参考。

（三）修订定稿

根据各方意见，对评价方案（包括评价指标体系）进行修改，增强方案的科学性、可操作性，并通过一定的程序，增强评价方案的认可度，赋予评估方案的合法性。

（四）公开发布

可以多种形式向社会公开发布评估方案，让全社会周知评估方案及评估指标体系。更重要的是让评估对象准确理解评估方案的要求，把握评价指标的内涵，做好评估相关准备工作，为评估工作的效率的保证与提高打好基础。

二、评估方案的基本结构

作为评价工作方案文本，其结构主要包括：导语、工作指导思想和原则、工作领导组织机构、工作措施、工作程序或步骤、评估方式方法、工作要求、附件、发文机关和成文时间等。

（一）导语

即方案的第一部分，主要讲清评估的缘由或依据、目的或意义。比如：

为了全面了解××（区域）乡村教师培养工作情况，改进乡村教师培养工作，提高乡村教师培养工作成效，根据国家有关乡村教师队伍建设的要求，结合本地实际，经××（领导机构）研究决定，拟开展乡村教师培养工作评估。现特制定评估工作方案。

（二）指导思想

指导思想是评价工作的指针，包括：须遵循的党的基本路线方针政策，教育发展、教师队伍建设、教育评价的基本精神，乡村教师培养工作评价的总体目标、核心任务等。比如：

以习近平新时代中国特色社会主义思想为指导，深入贯彻中共中央、国务院《深化新时代教育评价改革总体方案》的精神，遵循教育规律和乡村教师培养工作总体要求，科学设计评价指标体系，客观真实评价乡村教师培养工作的绩效，为改进乡村教师培养工作、进一步提高乡村教师培养工作质量和效益、推动乡村教育不断发展提供决策参考。

（三）基本原则

基本原则就是评价工作必须遵守的基本准则。评价工作的原则要体现评价的价值取向、工作导向，体现评价工作的主要目标和总体要求，体现评价人评估工作或本区域评估工作的特色。比如：

坚持以人为本，树立"人民中心"理念，以乡村教师为本，充分发挥教育评价的指挥棒作用，引导确立为乡村教师发展服务的工作目标和评价目标。

坚持问题导向，从乡村教师培养工作存在的问题入手，突出评估的诊断功能，推进乡村教师培养工作的改革，使存在的问题取得实质性突破。

坚持科学有效，改进传统的评价方式方法，探索新的评价方式方法和手段，提高乡村教师培养工作评价的科学性、专业性、客观性。

坚持统筹兼顾，针对乡村教师培养工作中的不同主体、不同过程、不同内容，分类设计、稳步推进，增强评价的系统性、整体性、协同性。

坚持探索创新，既扎根中国（区域），弘扬教育评价中的好传统，又融通中外，学习国外教育评价先进经验，探索创建符合本区域乡村教师培养工作评价客观需要的、具有鲜明自身特色的评估模式或方式方法。

（四）组织机构

组织机构即评价者组织的评价工作的具体工作机构及人员。一般包括：领导机构或领导人、工作机构、评估专家。行文基本格式如：

成立评价工作领导小组。组长：××。副组长：××。成员：××、××。

成立评估工作组。具体负责评估工作的组织实施。组长：××。副组长：××。成员：××、××。

成立评价专家委员会（专家组）。负责咨询和考核评价。主任委员或组长：××。专家委员会（专家组）成员有：××、××。

（五）评价对象与范围

评价对象和范围要依据具体评价工作的需要确定，即依据评价需要确定是全局性的还是区域性的，是全面性的还是专项性的。比如：是针对县级乡村教师培养工作评估，还是针对高校培养培训乡村教师的工作评估，这需要在评估方案中予以明确。

（六）主要举措或任务

措施就是针对某种情况而采取的处理办法。评估方案要明确采取什么工作措施、工作办法来开展评估，或评价工作的具体任务是什么。要围绕乡村教师培养工作评价中的关键因素、主要工作，提出具体的任务或针对性强、操作性强的措施，以便在实践中推进评估工作，圆满完成评价任务。

（七）评估程序或工作步骤

即评估工作方案实施的程序或步骤。比如：

第一阶段（某年某月某日至某年某月某日）：自查自评。接受评估的各单位（或区域组织）按照评估指标体系和工作要求做好自查自评并形成评估报告。

第二阶段（某年某月某日至某年某月某日）：报送材料。请各受评单位（或区域组织）按照评估工作要求于某年某月某日将自评报告及有关数据报送（传送）到我处（评估组织机构）某部门某人（附联系方式）。

第三阶段（某年某月某日至某年某月某日）：材料评审。由专家组对报送的材料（含数据），根据评估指标体系、评价标准等进行审核评价，并给予初步评分。

第四阶段（某年某月某日至某年某月某日）：现场考察。组织专家组到相关受评单位进行现场评估。主要方式有：查看资料、座谈访问、现场观摩、问卷测评、交换意见、反馈意见。

第五阶段（某年某月某日至某年某月某日）：专家讨论。即专家委员会或专家组集中交流情况、专题研究。

第六阶段（某年某月某日至某年某月某日）：形成评估报告。

专家委员会或专家组集体研究后，递交评估报告。

第七阶段（某年某月某日至某年某月某日）：发布评估报告。经评估工作领导小组同意，公开发布评估专家组的评估报告，并提出相应的整改意见。

（八）评估工作方式方法

根据实际需要，可结合评估工作措施、评估工作程序，以及评价指标体系合并撰写，也可单独体现。

（九）工作要求

即就如何实施评估工作提出要求。如在思想认识方面、条件保障方面、材料真实方面、工作效率方面等提出要求，保证评价工作顺利实施。

（十）附件

主要是乡村教师培养工作评价指标体系。即根据《乡村教师支持计划（2015—2020年）》《教育部等六部门关于加强新时代乡村教师队伍建设的意见》《中共中央　国务院关于全面深化新时代教师队伍建设改革的意见》等政策制定的评价指标体系，为受评对象自查自评、评估专家评估评分提供依据。

此外，根据受评对象情况，确定"主送机关"；依据评价人情况，确定"发文机关"（如果是联合开展评估工作，须联合署名发文）；根据实际情况，确定成文或发文时间。

第二节　组织实施评价工作

按照发布的评估方案如期组织开展评估工作。主要环节有：

一、召开评估工作布置会

一是召开由参评单位相关人员、工作人员、专家组成员等参与的评估工作布置会。评估工作领导机构和工作机构共同组织会议，宣讲乡村教师培养工作评价的重要意义、根本目的，布置评估工作的主要任务，明确评估工作的基本要求。

二是专家组成员评估工作预备会。由评估专家组组长主持召开，主要研究评估工作的程序、评价方式方法，准确剖析指标内涵，统一评价尺度标准，研究制定测评问卷，以及对可能出现的问题的处理办法，并且明确专家成员的分工，声明评估工作要求和纪律要求。

二、督促自评自查工作

评估机构根据评估工作方案，适时对受评单位的自评自查工作进行指导、督促。受评单位在自评自查中一般会遇到一些问题，如：在对指标内涵的理解、对评价标准的把握、对印证支撑材料的准备、对自评报告的撰写等方面，常常会有认识不一、判断不准、理解不深等情况出现，这需要评估机构及时做好咨询服务、指导帮助。同时，也可能出现受评单位数据报送不及时或报送数据有误、自评报告撰写缓慢或逾期未交等问题，这需要评估机构及时督促和指导。

三、协调工作关系

由于乡村教师培养工作本身涉及主体多、对象多、内容广、范围广、时段长、教师多，在开展评估工作中，可能会因为受评单位工作职责问题、数据统计问题、材料收集问题、工作组织问题等，出现工作难以展开、效率不高等情形。这需要评估机构及时协调，明确责任，明确要求。

四、评审自评报告

在收到受评单位自评报告后，评估机构要组织评估专家按期审阅、研究、评审自评报告。在专家分头审阅自评报告后，要组织专家集中研讨和评审。研讨自评报告反映出的评估工作中的问题，分析报送的有关数据反映的问题，使专家统一认识、统一评价标准，最后给予受评单位自评报告评价赋分。该评分作为受评单位第一环节得分计入评估档案。、

五、现场考察评价

评估专家可采取线上与入校结合、明察与暗访结合等方式，考察被评单位相关情况。如有必要，评估机构应组织评估专家到受评单位逐一进行考察评估。按照评估方案明确的评价方式方法、工作环节，分工合作，全面考察、审核。其目的在于验证自评报告，为最终评分提供依据。其中，常用的评价方法有：

（一）文献检索法

搜集评价指标体系和受评单位自评报告所涉及的材料，进行真伪性判断、有效性分析、支撑度认定，从而给予相应的评分。

这是后续其他评价方法的基础和必须条件。对于乡村教师培养工作，其材料有部署类材料（培养工作起始材料）、措施过程类材料（培养工作过程）、效果类材料（培养工作终点效果）。考察时要注重材料的原始性、完整性和有效性。

（二）层次分析法

层次分析就是对评价对象进行分层，以便量化评价和定性评价。在乡村教师培养工作评价中，能量化的指标尽量量化，不能量化的要从本质属性上厘清。"把复杂总目标系统分解成若干个子目标，形成递阶层次结构。定性部分采用层次分析法，确定各级指标重要程度，判断矩阵的特征根、特征向量，并进行一致性检验；定量部分则利用灰色模糊综合评价模型，得到针对评价对象的不同级别指标的优劣等级和相应权重"[①]。

（三）问卷调查法

根据乡村教师培养工作评价要求，要设计相应的问卷，在乡村学校、乡村教师中了解培养工作及其效果。可采用结构性问卷、非结构问卷、综合型问卷三类问卷全面深入了解乡村学校、乡村教师对培养工作的评价以及对自我发展的评价，了解乡村学校学生对教师的评价。同时，通过座谈、访谈等方式，调查掌握主要情况和典型事例，深入分析，实现较短时间内获取较多的真实有用的信息，为评价评分提供一定参考或依据。

（四）信度鉴定法

所谓信度（Reliability）即可靠性，它是指采用同样的方法对

---

① 屈芳.教育政策和发展规划评估的指标体系量化分析研究[J].继续教育,2017,31（4）:51.

同一对象重复测量时所得结果的一致性程度。评估专家到现场的考察评价，其中一项重要的目的是考察受评单位自评报告的信度。通过此方法，可以鉴定自评报告的信度，为客观公正评分提供依据。

（五）效度鉴定法

效度与信度密切相关。效度用以反映评估结果与真值的接近程度，或测定工具的测定结果与预想结果的符合程度。主要包括效标关联效度、内容效度、结构效度等测验鉴定。如果测量结果与要考察的内容越吻合，则效度越高；反之，则效度越低。在乡村教师培养工作评价中，必须对乡村教师进行评价。其中，应通过评价学生的获得或增值来反观教师的增值或发展。效度鉴定法能较好地反映这一关系及变化情况。

（六）案例分析法

通过对实际案例的分析，了解事物发展的一般规律和特点。在乡村教师培养工作评价中，对于特色类指标的考察，运用案例分析法是较合适的。通过定性评价与定量评价的结合，评价者给出的评估结论将更具科学性、合理性以及现实指导意义。

六、专家评议

现场考察评估结束后，专家组召开会议，集中交流情况，评议评分。专家一般采取专家会议法、德尔菲法（Delphi）① 相互印

---

① 德尔菲法，也称专家调查法，1946 年由美国兰德公司创始实行，其本质上是一种反馈匿名函询法，其大致流程是在对所要预测的问题征得专家的意见之后，进行整理、归纳、统计，再匿名反馈给各专家，再次征求意见，再集中，再反馈，直至得到一致的意见。

证和补充，共同评价评分，形成统一意见，以便反馈。

七、形成评估报告

专家组通过集体讨论研究，综合各方面的情况，按照评价指标体系和评估工作方案，最终研制评估报告，提呈评估机构。

评价工作的组织实施是一个系统的、环环相扣的工作，涉及评价内容、方式方法、评价地点、评价时间等多种因素，必须周密组织，确保运行有效。

其基本运行思路和构架如图 5 - 1：

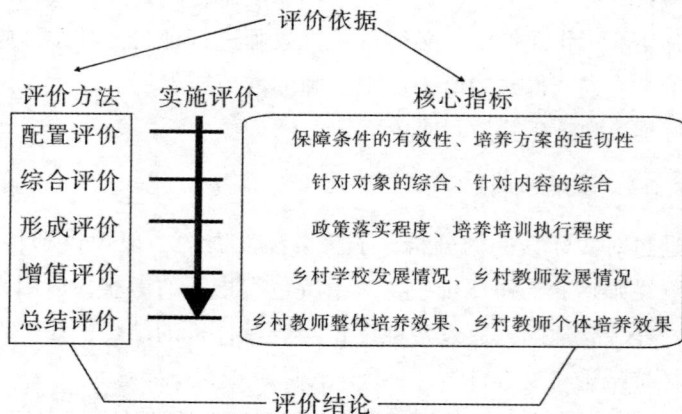

图 5 - 1　乡村教师培养工作评价运行图

第三章　评估结论的运用

第一节　结论反馈

评估不是终极目的，而是有效手段。教育评估的直接目的主要有：为有关部门全面、准确了解情况以及今后决策提供依据；为受评对象改进工作、持续发展提供依据。因此，评估结果的有效反馈特别重要，既直接关系到评估目的能否全面实现，也直接关系到被评工作能否得到进一步改善。

反馈，是控制论中的基本概念。它是指将系统的输出返回到输入端并以某种方式改变输入，进而影响系统功能的过程。评估结论反馈就是指由评估工作机构送返评估结论，期待对信息控制方、输入方产生影响、制约作用，以达到评估预定目的的过程或方式。

在乡村教师培养工作评价中，要完善评估反馈机制，走好评估工作中的"最后一公里"，要构建由评估到及时调控的桥梁，发布评估结果，提出改进建议，为后续决策提供有力的支撑，为乡村教师培养工作提供一定指导。评估结论反馈的基本要求包括：

一、要坚持反馈的基本原则

（一）真实性原则

要客观真实反映评价结论，包括：乡村教师培养工作的成效经验、问题教训，本次评估中的客观数据、分数等级。评价者如果未履行适当的评估程序，或以预先设定的价值作为评估结论，或因某种原因修改了的评估结论，都不是真实的评估结论。因此，评估机构要从公正客观的角度发布真实的评估结论，以确保乡村教师培养工作评估的有效性，为后续乡村教师培养提供动力。

（二）参照性原则

参照即对他者观照、理解、衡量自身的做法。一是参照国家有关乡村教师培养工作标准、有关权威机构发布的相关评估报告。二是参照评估机构本身发布的评价指标体系。因此，在反馈的改进建议中，要体现对依据的参照、对客观问题的参照，使受评人获悉差距，使改进意见或建议具有指导性和实用性。

（三）激励性原则

激励就是以一定的规范、措施来激发、引导、保持和规范组织及其个人的行为，以有效地实现预期的目标和收到更好的效益。乡村教师培养工作评价，就是要激励培养主体各方更有热情地、更有执行力地、更有创造性地实施、改善培养工作；就是要激励乡村教师本身更主动地投入自身发展之中。发布和反馈评估结论，就要求有正反馈、多激励，振奋精神，增强提升乡村教师培养工作的积极性、创造性。

（四）鞭策性原则

评估的一个重要导向就是问题导向。通过评估，发现了表层问题、深层问题，以及问题存在的原因。在评估反馈中，不能忽视存在的问题，要直面问题、剖析问题，并提出解决问题的建议。乡村教师培养工作肯定存在这样那样的问题，回避问题就有违初衷，就不能彻底解决乡村教师培养中的问题。因此，要从鼓舞、督促、推动角度出发，引导、鞭策相关组织、人员解决真问题，真正地、精准地解决问题。

（五）效率性原则

效率就是指反馈要及时，要追求效率。评估工作完成后，评估机构要及时发布评估报告，及时反馈评估意见。由于反馈效价是影响评估结果传递效果的重要因素，"积极性反馈容易被被评对象接受并正确理解，而消极性反馈则会引起被评对象的反感进而产生抗拒心理，无法对反馈内容接受并正确理解"[1]。因此，想要如前文所言处理好反馈问题，就要特别注重反馈的质量与效益。这就要求：评估结论有依据，改进意见要全面、具体，并具有针对性、建设性、指导性，从而达到指导、推动、督促被评单位改进培养工作、收到更好培养效果的目的。

（六）保密性原则

根据评估工作的实际情况，研判反馈的信息是否需要保密。要与相关部门协商，处理好公开与保密的关系。

二、采用合适的反馈方式

评估结论及改进意见的反馈形式是多样的。

（一）从反馈对象讲

主要有四种形式，即：向上级报告反馈、向委托机构反馈、向被评对象反馈、向社会公开发布。

---

① 汪建华,徐颖婕.教育评估结果反馈探究[J].上海教育评估研究,2020(02):69.

（二）从反馈形式讲

主要有：发布公文、咨询报告、整改建议。

（三）从反馈途径讲

主要有：总结会议、研讨会议、新闻发布会、网络等媒体。

三、注意反馈后的信息收集

评估机构反馈评价结论和意见后，要特别注意各对象、"用户"对反馈意见的意见。这些信息具有重要的理论研究意义和工作实践的指导意义。从各方的意见反映和工作改进情况，既可以研究乡村教师培养工作评价相关理论问题，也可以反观评估工作本身的得失、优劣，以便进一步改善评价工作。

第二节　结论运用

绩效评估实施的成功与否很大程度上取决于绩效评估的结果如何运用。如果乡村教师培养工作评价的结论没有得到实际运用，评估工作就没有达到评价目标要求，也没有达到改进培养工作的目标。

2020 年 10 月，中共中央、国务院印发的《深化新时代教育评价改革总体方案》指出："完善评价结果运用，综合发挥导向、鉴定、诊断、调控和改进作用。"这里强调了评价结果运用的作用和意义。那么，乡村教师培养工作评价的结果如何运用？要特别注意两个方面：

一、准确把握评价结论的特性

（一）诊断性和鉴定性

评估结论首先来源于对所评价的事物的诊断。诊断就是对事物进行诊断，了解情况，判断是非，发现问题，发现成绩，是对过程中各个环节的剖析。鉴定与诊断有一定联系，也有一定差异。诊断往往是对表面现象的认识和判断，而鉴别是根据明确的理念、通用的标准来审定事物的真伪、优劣。乡村教师培养工作评价结论基于对培养工作的全面诊断和鉴定。

（二）总结性和评价性

总结源于诊断和鉴定。通过全面了解情况，对乡村教师培养工作进行整体考察，全面总结，从而得出结论。评价性即评估结论是对评价对象做出的优劣程度、好坏等级的评定。总结性和评价性是乡村教师培养工作评价结论最基本的特性，体现培养工作的基本状况和效果。

（三）警示性和奖惩性

评估结论是对工作的评价，对于工作效果不理想的评估对象，它具有警示性与惩戒性；对于工作效果好的评估对象，它具有表彰性与奖励性；对于相关的非评估对象，它又具有警示性和勉励性。

二、强化评价结论的实际运用

评估结论的运用要注意评估结论功能的综合发挥。重点要突出三个方面：

（一）实施奖惩挂钩

评价乡村教师培养工作成效，必须将评价对象的职责、工作实效与评估结论挂起钩来，更加有力、有效地推动乡村教师培养工作。对于工作成效突出的，要进行公开宣传、大力表彰；对于工作成效不突出、未达到工作要求的，要实行一定的惩罚，如：约谈负责人、限期整改等。

当然，惩罚不是目的。对于工作效果不好的，要了解真实原因。对于客观条件不足的，不能局限于惩罚性地运用评估结论，而更重要的是扶助性地运用评估结论，支持帮助其改进工作，增强培养工作效果。

（二）调配教育资源

教育资源即"教育经济条件"，是教育人力资源、物力资源和财力资源的总和。教育资源按其归属性质和管理层次区分，可分为国家资源、地方资源和个人资源；按其办学层次区分，可分为基础教育资源和高等教育资源；按其构成状态区分，可分为固定资源和流动资源；按其知识层次区分，可分为品牌资源、师资资源和生源资源；按其政策导向区分，可分为计划资源和市场资源；等等。国家和地方的物力资源和财力资源、高等教育的师资资源和物力资源在乡村教师培养工作中制约性最强。

乡村教师培养效果较大程度上取决于教育资源。而经费投入是教育资源有效配置的基础。从政府角度讲，要强化政府照顾的政策体系，建立多元渠道筹措经费的机制。在调配教育资源中，要做到"两个坚持"：一是坚持以"乡村教师培养"为中心。这些教育资源作为一种公共资源，受益主体是乡村教师。要围绕师范专业学生的培养、乡村在职教师的培养培训调配资源，优先保障。二是坚持以"薄弱处"为重点。乡村教育资源在城乡教育资源中本身位于薄弱处。通过乡村教师培养工作评价，必然发现地域的不均衡，必然发现更薄弱的环节。因此，在调配资源时就要根据差异，打破束缚，缩小差距，整合资源，合理地向薄弱处倾斜，扶持薄弱地区，支持乡村教师培养工作，使之得到较快发展。

（三）改进培养工作

强化绩效评价结果的应用，除改善政府资源配置，改善培养政策外，更重要的是要改进各培养主体的实际工作。改进是绩效评估的后续工作，是绩效评估系统的一个重要环节。从培养环节看，主要有：

改进乡村教师培养工作，最关键的环节在师范专业学生的培养和在职乡村教师的培训。因此，高校（尤其是师范院校）必须根据评估发现的问题，有针对性地改进培养工作，加强教师教育综合改革。

在师范生培养方面，高校要结合地方实际，实行师范生免费教育制度；采取定向招生、定向培养、定向就业等方式，精准培养本土化乡村教师；开展师范类专业综合改革试点，优化课程结构，强化教师教育课程；实施"卓越乡村教师"培养计划，推进教师培养模式改革，促进教师培养、培训、研究和服务一体化。

在乡村教师培训方面，高校要采取多种方式，长期跟踪，终身支持乡村教师专业成长；引导高校教师与乡村教师形成学习共同体、研究共同体和发展共同体；认真落实乡村教师全员培训制度，推动教师专业发展常态化；注重开展"走出去"培训，让更多乡村教师获得前往教育发达地区研修、跟岗学习的机会；通过教师智能研修平台，智能遴选、精准推送研修内容与资源，支持乡村教师自主选学，为其提供同步化、定制化、精准化的高质量培训研修服务；加强乡村教师培训过程监控和绩效评估，不断改进培训工作。

本篇小结

评价指标体系的构建基于对评价事物的认识和评价理论的指导。对于乡村教师培养工作评价，本篇探讨和反映前期调研思路及调研情况，充分了解相关责任方或利益方的诉求，为评价指标体系的建立提供了基础。为此，试图研究乡村教师培养工作评价的指标体系的框架，指明主要的评价指标和基本内涵，并就评价工作后期的实务进行了讨论，如评估工作方案的制定、评估结论如何反馈和运用，从而保证评价工作取得实效。

附录一：

"乡村教师培养工作评价"调查问卷

尊敬的老师：

您好！

本项目组申报的"基于'双 S'的乡村教师培养工作评价体系构建研究"项目已经湖南省教育厅湘教通〔2019〕353 号文件确定为省教育科研重点项目。为了了解政府、高校、中小学对乡村教师培养工作的情况及效果，科学评价培养工作，更好地改进培养工作，提升培养效果，本项目组特拟定了该问卷。该问卷采用无记名方式，严格保护被访者稳私。请您如实填写问卷！

谢谢您！

本项目组

2019 年 12 月

一、您的基本情况（请在符合您情况选项后的括号内画"√"）

1. 性别：①男（　　　）　　　②女（　　　）

2. 学历：①专科（　　　）　　②本科（　　　）

　　③其他（　　　）

3. 职称：①初级或未定级（　　）　　②中级（　　　）

　　③高级（　　　）

4. 毕业院校：

　　①中等师范（　　　）　　②专科师范（　　　）

③本科师范（　　　）　　　　④非师范院校（　　　）

5. 现工作身份：

①一线教师（　　　）　　　　②学校管理者（　　　）

③教育行政管理者（　　　）　　　　④其他（　　　）

6. 工作年限：

①满 1 年（　　　）　　②2 年以上 5 年以下（　　　）

③5 年以上（　　　）

二、单项选择（将最符合您想法的选项序号填在题干后的括号内）

1. 您认为国家现有的乡村教师培养方面的政策是否完善（　　　）

①很完善　②较完善　③一般　④不够完善

2. 请您评价国家目前的乡村教师培养政策（　　　）

①很好　②较好　③一般　④不够好

3. 您认为您所在县政府（教育局）的乡村教师培养措施（　　　）

①很得力　②较有效　③一般　④不够有效

4. 您对高校培养基础教育教师的工作的总体评价是（　　　）

①很好　②较好　③一般　④不够好

5. 您认为师范学院在培养乡村教师上培养目标定位（　　　）

①准确　②较准确　③一般　④不准确

6. 您对您所在学校的教师培训工作的评价（　　　）

①很满意　②较满意　③一般　④不满意

7. 您大学毕业三五年后对自身专业能力的评价（　　　）

①很强　②较强　③一般　④不强

8. 您担任教师或管理人员以来，是否接受过专门培训（　　　）

①接受过 3 次以上　②接受过 2 次　③接受过 1 次

④从未接受

9. 您认为目前"国培"或"省培"最大的不足是（　　　）

①培训人数太少　②培训时间较短　③培训教师水平一般
④培训效果不够好

10. 您认为乡村教师培养工作最应加强的是（　　　）
①政府完善政策　②高校精准培养　③中小学积极送培
④教师自身完善

11. 您认为在乡村教师培养工作上，政府要改善的工作主要
是（　　　）
①提高乡村教师待遇　②改善乡村中小学办学条件
③加强对乡村教师的培训　④完善对乡村的考核评价奖
励机制

12. 您认为在乡村教师培养工作上，高校要改善的工作主要
是（　　　）
①修订培养方案，精准培养乡村教师　②加强实践教学，
着力培养师范生教学技能　③加强与乡村中小学的对接，
增强人才培养的针对性　④加强对乡村教师的培训

13. 您认为在乡村教师培养工作上，中小学要改善的工作主
要是（　　　）
①重视培训，促进教师专业发展　②改善工作条件，稳
定教师队伍　③加强与政府、高校的协作，吸引优秀师
范生　④加强教师教学质量评价，提高教学质量

14. 您认为在乡村教师培养工作上，教师自身要改善的工作
主要是（　　　）
①稳固专业思想，扎根乡村教育　②树立终身学习理
念，积极参与职后培训　③强化质量意识，不断提高教
育教学能力　④树立教师专门化意识，促进自身专业
发展

15. 在对乡村教师培养工作评价上，您认为目前最大的不足

是（　　　）

①没有开展系统评价　②没有建立评价机制　③没有科学的评价指标体系　④没有将评价结论与奖惩挂钩

16. 您认为目前对乡村教师培养工作在评价维度上最缺乏或没有做好的是（　　　）

①配置性评价（对政策制度设计评价）　②形成性评价（即过程评价）　③总结性评价（即结论评价）　④前三个维度

17. 您所在县教育局对乡村教师是否开展过评价（　　　）

①没有开展任何评价　②开展过课堂教学质量评价

③开展过师德师风评价

④开展过其他评价（如：　　　　　　　　　　）

18. 您对国务院办公厅印发的《乡村教师支持计划（2015—2020年)》了解程度（　　　）

①很了解　②较了解　③一般　④不了解

19. 2018年1月颁布的《中共中央　国务院关于全面深化新时代教师队伍建设改革的意见》提出到2035年，培养造就数以百万计的骨干教师、数以十万计的卓越教师、数以万计的教育家型教师。请问：您的发展目标是（　　　）

①骨干教师　②卓越教师　③教育家型教师　④普通教师

20. 您认为刚从师范院校毕业到乡村中小学任教的人员最大的不足是（　　　）

①教师基本技能较差　②对新课改或乡村教育不了解

③学科知识不扎实　④不热爱乡村教育

附录二:

访谈方案

一、访谈时间

2019 年 7 月至 2019 年 12 月。

二、访谈基本方式

（一）走访现场

投身到乡村学校、教育行政管理部门、相关高校、教师培训机构，访谈领导干部、管理人员、专家学者、乡村教师、在校师范学生、乡村学校学生等。

（二）网络访问与交流

考虑到新冠疫情以及工作方便，通过微信、QQ 等途径，与乡村教师、师范毕业生等深入交流，了解其学习、工作、生活情况，讨论乡村教育及乡村教师培养中的问题，征求其加强和改进乡村教师培养工作的建议和意见。

（三）座谈会

召开小型座谈会，与专家学者、一级教师、教育管理人员、同行等共同研讨乡村教育发展问题，以及教师教育综合改革、卓越乡村教师培养、乡村教师专业发展等问题。

三、访谈提纲

访谈的主要话题有:

1. 您认为我国（或某区域）乡村教育存在的主要问题有哪些? 如何解决这些问题?

2. 您认为我国（或某区域）乡村教师培养工作存在的主要问

题有哪些？如何解决这些问题？

3. 您认为高校在师范生培养中存在的主要问题有哪些？

4. 请您谈谈如何提高师范院校培养乡村教师的精准性。

5. 请您谈谈如何提高师范专业学生就业的质量。

6. 请您谈谈如何改进乡村教师培训。

7. 请您就乡村教师培养谈谈如何加强各培养主体的协作。

8. 请您谈谈促进乡村教师专业发展的主要途径和办法。

9. 请您谈谈如何从理念上、方法上改进教育评价。

10. 请您谈谈有关乡村教师培养工作评价的意见。

四、访谈记录表

时间		地点		被谈人	
主要 内容					
小结或 启示					

后　记

　　由于管理工作和教学工作的需要，也因为本人出身乡村、并与乡村及乡村教师保持着密切的关系，本人一直对乡村教育、乡村教师问题较为关注，也为相关研究积累了一定基础。自2019年以"基于'双 S'的乡村教师培养工作评价体系构建研究"为题申报并获得了湖南省教育厅2019年科学研究重点资助项目后，本人有针对性地开展了相关研究工作。但是，由于新冠疫情和本人身体状况，调查研究工作未能完全达到预期目的。在湖南省教育厅的资助和同事、家人及出版方的支持下，调研成果现已成书出版。在此表示衷心感谢！

　　由于个人学识原因，本书肯定存在不少问题。敬请读者指正！拙作虽成，但研究不止。本人会一直关注乡村教育和乡村教师问题，期待与同行、学者、乡村教师等共同交流和研究。

何敦培

2021 年 2 月 16 日